ADVENT-VERLAG LÜNEBURG

John Thomas McLarty

Typisch adventistisch

Wie Adventisten ihren Glauben leben

ADVENT-VERLAG

Originaltitel: *Adventist Spirituality for Thinkers and Seekers (The Faith I Highly Recommend)*

Projektleitung und Lektorat: Werner E. Lange
Übersetzung: Ulrike Dessoi
Korrektorat: Erika Schultz
Einbandgestaltung: Sislak Design, Bad Soden-Salmünster
Titelfoto: ST-Vitrinen Trautmann, Bielefeld
Autorenfoto: Gummi Brynjarsson
Satz: rimi-grafik, Gerald Rimarzik, Celle
Gesamtherstellung: Thiele & Schwarz GmbH, Kassel

Die Bibelzitate sind – falls nichts anderes vermerkt ist – der *Bibel nach der Übersetzung Martin Luthers* (revidierter Text 1984), durchgesehene Ausgabe in neuer Rechtschreibung, © 1999 Deutsche Bibelgesellschaft, Stuttgart, entnommen.
Ansonsten bedeuten:

GNB = *Gute Nachricht Bibel,* revidierte Fassung, durchgesehene Ausgabe in neuer Rechtschreibung, © 2000 Deutsche Bibelgesellschaft, Stuttgart;

Hfa = *Hoffnung für alle – Die Bibel* (revidierte Fassung), © 1983, 1996, 2002 International Bible Society, Übersetzung: Brunnen-Verlag, Basel und Gießen.

NLB = *Neues Leben. Die Bibel,* © 2002, 2005 SCM Hänssler im SCM-Verlag GmbH & Co. KG, Holzgerlingen. Originaltitel: *Holy Bible, New Living Translation,* © 1996, 2007 Tyndale House Publishers Inc., Wheaton, Illinois, USA.

© 2012 Saatkorn-Verlag GmbH, Abt. Advent-Verlag
Pulverweg 6, 21337 Lüneburg
Internet: www.advent-verlag.de, E-Mail: info@advent-verlag.de

ISBN: 978-3-8150-1928-3

Inhalt

Einleitung

Als William zum ersten Mal die „Gemeinde der Adventhoffnung" in New York (deren Pastor ich war) besuchte, bezeichnete er sich selbst als Agnostiker. Kurze Zeit später entwickelte er sich von einem Gelegenheitsbesucher, der seine Frau ab und zu zum Gottesdienst am Samstagmorgen begleitete, zu einem überzeugten Sabbathalter. Zu seinem Erstaunen entdeckte er eine Gemeinschaft, die sich jede Woche einen ganzen Tag frei nimmt, um sich mit Themen über Gott und das Leben als Christ zu beschäftigen. Die meisten Gemeindemitglieder waren junge Erwachsene, die in Manhattan ihrem Beruf nachgingen. Dennoch hatten sie Freude daran, jede Woche 24 Stunden lang ohne die Anforderungen ihrer Arbeit zu verbringen. Der Sabbat war für sie wie ein „Park in der Zeit", ein friedlicher Freiraum im Getöse der Großstadt. In diesem Park konnten sie einen ganzen Tag, der nur der Pflege ihrer Beziehung zu Gott und zu ihren Mitmenschen gewidmet war, richtig auskosten.

William genoss das sichtlich. Er war ein Professor, aber an einem Tag der Woche konnte er ein Lernender statt ein Lehrer sein, ein Suchender statt ein Führer. Er stand dem Sabbathalten noch skeptisch gegenüber, aber der Sabbat bot ihm einen Zufluchtsort, wo er die Welt des Glaubens ohne Druck kennenlernen konnte. Er wurde gläubig. Fast zehn Jahre später schloss er sich formell der Adventgemeinde an. Der Sabbat hat eine Wirkung. Besonders in unserer schnelllebigen Zeit ist dieser „Park in der Zeit" eine unschätzbare Hilfe für die Pflege des geistlichen Lebens.

Nachdem ein Mann namens Milton unsere Gemeinde nur einige Male besucht hatte, wollte er sich ihr bereits anschließen. Das lehnte ich ab. Ich sagte ihm, dass wir von unseren Mitgliedern erwarteten, sich einer Bibelschulgruppe anzuschließen (was auch stimmte). Aber der wahre Grund, warum ich ihn hinhielt, war eine innere Zurückhaltung, die ich mir selbst nicht erklären konnte. Im Nachhinein kann ich sagen, dass der Heilige Geist mich dazu drängte.

Obwohl ich Miltons Aufnahme in die Gemeinde abgelehnt hatte, unterhielten wir uns oft miteinander. Schließlich öffnete er sich mir. 30 Jahre zuvor hatte ihn das Verhalten eines weißen Pastors tief verletzt. Der hatte es lediglich aus rassistischen Gründen abgelehnt, seine farbigen Nichten und Neffen zu taufen. Sie waren jetzt in mittlerem Alter, und niemand von ihnen besuchte mehr eine Gemeinde. Ihr Leben war durch Drogenmissbrauch, Kriminalität und zerbrochene Beziehungen ruiniert. All dieses Elend schien direkt auf das Verhalten dieses Pastors zurückzuführen zu sein.

Milton war völlig verbittert. Sein Zorn war verständlich, aber er brachte ihn fast um. Wollte er in seinem Leben vorankommen, musste er loslassen und vergeben. Doch Vergebung würde – so meinte er – die erfahrene Ungerechtigkeit entschuldigen oder zumindest bagatellisieren. Niemand sonst würde diesen Pastor zur Verantwortung ziehen, obwohl er wenigstens einen Verweis erhalten müsste. Milton nährte seinen Groll, der seine Antwort auf die ungeheure Bosheit war, die er gesehen hatte.

Ich sprach mit Milton ausführlich über das Gericht Gottes. Die Bibel sagt deutlich, dass Gott alles sieht und einst Gerechtigkeit schaffen wird. Miltons Gewissheit wuchs, dass Gott die fromme Fassade des Pastors durchschaut hatte. Auch Gott war zornig über dessen Verhalten. Mehr und mehr übergab Milton diesen Pastor in Gottes Hand, weil er wusste, dass Gott ein weit besserer Verfechter der Gerechtigkeit war, als er es jemals sein könnte.

Milton wurde schließlich ein Mitglied der Gemeinde, befreit von den Fesseln seines Grolls, die sich durch die Botschaft vom Gericht Gottes in Freude und zuversichtliches Vertrauen verwandelt hatte. Die Gewissheit, dass Gott einst Recht schaffen wird, war Milton dabei eine große Hilfe.

Unser Hunger nach Gott, unsere Überzeugung (oder manchmal auch nur unsere Ahnung oder Hoffnung), dass Gott existiert und gütig an unserem Leben Anteil nimmt, entsteht nicht aus uns heraus. Wir können ebenso wenig Glauben erzeugen, wie wir das Leben in ein Samenkorn legen können. Aber so, wie wir das verborgene Leben in einem Samen durch entsprechende Pflege wecken können, kann in uns auch der Glaube Fuß fassen.

Ich züchte in meinem Gewächshaus Kakteen. Einige Samen sprießen direkt nach der Aussaat; andere überraschen mich damit, dass sie erst Jahre danach austreiben. Ich behandle alle Samen auf dieselbe Weise, aber sie reagieren nicht alle gleich. Im Laufe der Jahre habe ich aber Methoden entdeckt, die beim Züchten effektiver – und einige, die kontraproduktiv – sind.

Das können wir auf das geistliche Leben eines Christen übertragen. Sein Ursprung ist – wie das Keimen des Samens – verborgen. Aber über das Geheimnis des Keimens hinaus gibt es Grundregeln für das Wachstum. Die Aufgabe einer Gemeinde ist es, so viel wie möglich über diese Prinzipien zu lernen und Menschen zu helfen, sie in ihr Leben zu integrieren.

William und Milton, aus deren Leben ich oben berichtete, haben durch bestimmte Gedanken und Vorgehensweisen wertvolle Unterstützung für ihr geistliches Leben gefunden. Als Pastor habe ich auf das gehört, was suchende und was gläubige Menschen über Gott sagten, und dabei eine Reihe von Glaubensüberzeugungen und -praktiken schätzen gelernt, die hilfreich sind, wenn wir Menschen dabei unterstützen wollen, ein effektiveres, vertrauensvolleres geistliches Leben zu entwickeln.

Menschen – speziell Jugendliche –, die versuchen, Gott, ihr eigenes Leben und die Welt zu verstehen, sind vor allem an Konzepten und Praktiken interessiert, die wirksam sind. Sie suchen nach einer Gottesvorstellung, die sie mit ihren tiefsten Sehnsüchten und Überzeugungen in Verbindung bringen können. Theorien sind nützlich, aber nur dann, wenn sie auch mit unserem täglichen Leben zu tun haben. Die Glaubensüberzeugungen und -praktiken, die ich in diesem Buch vorstelle, sind wirksam. Sie helfen Menschen dabei, ihre Beziehung zu Gott weiterzuentwickeln.

Ich kann natürlich nur für mich selbst sprechen. Was ich schreibe, ist das Resultat meiner Erfahrungen, meiner Erziehung und meines Nachdenkens. Die hier beschriebenen geistlichen Schätze jedoch sind nicht meine eigene Entdeckung. Sie sind vielmehr das Ergebnis von über 150 Jahren des Studierens, der Erfahrungen, der Auseinandersetzungen und der göttlichen Führung in der Freikirche der Siebenten-Tags-Adventisten. Sie sind die Schätze meiner Kirche – das, was ich als typisch adventistisch ansehe. Aber Gott hat sie uns nicht dazu gegeben, um sie in einem Tresor wegzuschließen. Er möchte, dass wir unsere Erkenntnisse und Erfahrungen anwenden und andere Menschen daran teilhaben lassen; sie sollen auch bei ihnen wirksam werden. Ich hoffe, dass die Leser darüber hinwegsehen, dass ich stolz darauf bin, diese Schätze hier präsentieren zu können.

Ich habe großen Respekt vor theologischer Forschung. Sie ist für die Stabilität und den gesunden Zustand einer Kirche wichtig, und sie zu beachten ist für einen ausgewogenen Dienst als Pastor unerlässlich. Aber obwohl ich theologische Bücher lese und meine studierten Freunde bewundere, bin ich kein Theologe, eher ein theologischer Künstler. Mit meinen eigenen Worten will ich ein wahrheitsgetreues Bild von Gott und den besten Elementen meiner Kirche malen. Ich behaupte nicht, den nötigen Abstand zu haben oder objektiv zu sein. Vielmehr zeige ich die Wahrheit, als ob ich einem geliebten Menschen meine Zuwendung schenke. Ich liebe mein Thema, denn ich kann die Glaubensüberzeugungen und -praktiken, die ich in diesem Buch vorstelle, nur jedem empfehlen.

In diesem Buch habe ich Ereignisse und Erkenntnisse aus über 30 Jahren meines Dienstes als Pastor von Adventgemeinden gesammelt und einfließen lassen. Ich bete dafür, dass diese Ausführungen allen Lesern zum Besten dienen, ob sie nun selbst einer Adventgemeinde angehören oder (noch) nicht.

John McLarty

TEIL I

Die Theologie –
Gott ist Liebe

Die wichtigste adventistische Überzeugung

Gott ist Liebe, und wer in dieser Liebe bleibt,
der bleibt in Gott und Gott in ihm. (1 Joh 4,16 Hfa)

Gott ist Liebe – das ist die wichtigste aller adventistischen Glaubensüberzeugungen. Die Anfangsjahre der Adventbewegung waren allerdings stark von anderen Elementen geprägt. Das Selbstverständnis der Adventisten wurde nachhaltig durch evangelistische Vorträge bestimmt, die ganz auf die Autorität der Bibel, das himmlische Heiligtum, den Sabbat und die Auslegungen der Prophezeiungen im Buch Daniel und in der Offenbarung ausgerichtet waren.

Diese Glaubenserkenntnisse haben jedoch keinen Wert in sich selbst. Ich betrachte sie vielmehr als ein Gerüst, das Gott benutzt hat, um uns bei der Entwicklung eines besseren Verständnisses seiner Liebe zu unterstützen. „Gott ist Liebe" ist der Ausgangspunkt und zugleich das Ziel der adventistischen Theologie geworden.

Die einflussreichste theologische Stimme im Adventismus ist die von Ellen White. Am bekanntesten sind ihr fünfbändiges Werk über den Konflikt zwischen Gut und Böse, ein erzählender Kommentar zur Bibel, und *Der bessere Weg*, eine praktische Anleitung für das geistliche Leben eines Christen. Der erste Satz im ersten Buch der Serie (*Patriarchen und Propheten* bzw. *Der Auftakt,* eine gekürzte Fassung) lautet „Gott ist Liebe", und der letzte Satz im letzten Buch (*Der große Kampf* bzw. gekürzt *Das Finale*) endet mit „Gott ist Liebe". Zwischen diesen beiden Aussagen zeigt uns Ellen White, dass die Liebe die beständige, alles umspannende

Motivation für jedes Handeln Gottes war und ist. Die Schöpfung, die Berufung Abrahams, das Wirken der Propheten, Gottes Vergebung der Sünden Israels – all das war Ausdruck der göttlichen Liebe. Liebe war jedoch auch das Motiv für das unnachsichtige und strenge Handeln Gottes: die Sintflut, die Vernichtung der Kanaaniter, die Bestrafung Usas (der verbotenerweise die Bundeslade berührt hatte) und das babylonische Exil. Ellen White legt überzeugend dar, dass auch das strafende Handeln Gottes, von dem die Bibel uns berichtet, sich am besten mit „liebevoller Strenge" (tough love) erklären lässt.

Auch das kleine Buch *Der bessere Weg zu einem neuen Leben* von Ellen White beginnt mit einem Lobgesang auf Gottes Liebe. Der Beginn unseres geistlichen Lebens ist nicht unsere Suche oder auch nur unser Verlangen nach Gott, sondern seine barmherzige Anteilnahme an uns. Das erste Kapitel trägt den Originaltitel „Gottes Liebe zu uns Menschen" und beginnt mit folgenden Worten:

> Die Natur und die Heilige Schrift bezeugen die Liebe Gottes … Sonnenschein und Regen sorgen für Wachstum und Gedeihen, Felder, Obstplantagen und Meere bieten Nahrung. Gott sorgt liebevoll für alle seine Geschöpfe und stillt täglich ihre Bedürfnisse … Selbst im Leid offenbarte sich noch Gottes Liebe. Zwar steht geschrieben, dass Gott den Acker um des Menschen willen „verfluchte", aber selbst die „Dornen und Disteln" (1 Mo 3,17.18) – die Schwierigkeiten und Belastungen, denen wir laufend begegnen – sollen sich noch zum Besten auswirken, indem sie die Menschen veranlassen, aus dem Leid und dem Verderben, die durch den Sündenfall ausgelöst wurden, entkommen zu wollen … „Gott ist Liebe" steht auf jeder sich öffnenden Knospe und jedem Blatt geschrieben. Blumen erblühen in schier unerschöpflicher Farbenpracht, Bäume prangen im üppigen Grün ihres Blätterschmucks, Vögel singen ihre Lieder – und sie alle verkünden: Es gibt einen Vater im Himmel, der uns liebt und für uns sorgt und seine Kinder glücklich machen möchte … Durch die unzähligen Zeichen

> seiner Liebe möchte Gott unser Herz zu sich ziehen. In den Werken seiner Schöpfung und in den innigsten Eltern-Kind-Beziehungen will er sich uns offenbaren. Doch auch sie sind nur ein unvollkommenes Abbild seiner Liebe zu uns.[1]

Ich zitiere Ellen White in diesem Zusammenhang nicht als theologische Autorität, sondern als ein historisches Zeugnis. Ich will damit nicht nahelegen, dass ihre Worte Gottes Liebe zu uns beweisen; sie sind eher eine schlüssige Begründung dafür, dass die Überzeugung von dem liebevollen Wesen Gottes ein grundlegender Bestandteil der adventistischen Theologie ist.

In den letzten Jahrzehnten erlebten wir eine wissenschaftliche Debatte um die Urheberschaft des Schrifttums von Ellen White, da sie offenbar in großem Umfang andere literarische Quellen und Sekundärliteratur benutzte, ohne dies zu kennzeichnen. Aber sogar wenn es nachgewiesen werden könnte, dass die Betonung der Liebe in ihren meistgelesenen Werken nicht auf sie selbst zurückgeht, würde dies im Gegenteil meine Argumentation noch bestärken. Wenn wir als Kirche jemanden beauftragen wollten, „im Namen des Propheten" zu schreiben, würden wir jemanden auswählen, der zutiefst davon überzeugt wäre, dass Gott Liebe ist. Die Aussagen über Gottes Liebe in Ellen Whites Werk sind kein bloßes Beiwerk, sondern die Grundlage des zentralen Themas ihrer Bücher.

Seit 2005 umfassen die adventistischen Glaubensüberzeugungen 28 Punkte. Sie reichen von der Erklärung, dass die Bibel eine vertrauenswürdige Offenbarung Gottes ist, bis hin zum Verbot des Rauchens. Unsere Kirche hat niemals erklärt, welche dieser Glaubenspunkte die wichtigsten oder grundlegendsten sind. Wahrscheinlich findet man für fast jeden Punkt einzelne Adventisten, die ihn als den wichtigsten ansehen. Adventisten sind – und das ist untertrieben – recht verschieden. Aber die führenden Vertreter der adventistischen Hauptströmungen sind sich alle darin einig, dass „Gott ist Liebe" die fundamentale Wahrheit der Bibel ist. Jeder andere Glaubenspunkt ist an dieser Überzeugung zu messen.

---

[1] *Der bessere Weg zu einem neuen Leben,* Advent-Verlag, Lüneburg 2009 (Neubearbeitung), S. 7f.

Eine weitere charakteristische Glaubensüberzeugung ist, dass Adventisten die Vorstellung von einer „Hölle" als Ort einer ewigen Qual ablehnen. Sie belegen ihren Glauben, dass die Verlorenen am Ende der Zeit den „zweiten Tod" erleiden und nicht ewig gequält werden, mit einer Reihe von Bibeltexten (z. B. Offb 20,9.13–15; Mal 3,19–21; Mt 13,40–42; Röm 6,23). Eine zunehmende Anzahl protestantischer Theologen vertritt mittlerweile offen eine Auffassung von der „Hölle", die der adventistischen sehr ähnlich ist.

Die adventistische Position ist gewiss biblisch gut untermauert; aber am Prozess der Abwendung von der Vorstellung einer ewig brennenden Hölle unter den ersten Adventisten beeindrucken mich nicht die biblischen Belege am meisten, sondern die intuitive Überzeugung, dass ein Gott der Liebe niemals jemanden für immer quälen könnte. Das Forschen nach biblischen Beweisen gegen eine ewige Höllenqual war von der unerschütterlichen Gewissheit getragen, dass Gott Liebe ist.

Wir Adventisten stimmen nicht in allem darin überein, was liebevolles Verhalten im Einzelnen bedeutet. Wir streiten uns darüber, welchen Sinn eine „liebevolle Strenge" hat und ob dieser Begriff Gott gerecht wird. Wir diskutieren darüber, welche Rolle die korrigierende Seelsorge (früher „Gemeindezucht" genannt) spielen sollte: Wann erfordert es die Liebe, dass eine Gemeinde ihren Gliedern moralische Grenzen setzt und gegebenenfalls auch Konsequenzen zieht? Wann verlangt die Liebe, dass wir soziale und kulturelle Barrieren niederreißen? Heftig wird über die Vereinbarkeit von Liebe und Vergeltung debattiert: Verlangt die Liebe zum Opfer einer Gewalttat nach vergeltender Gerechtigkeit oder schließt die Liebe zum Täter diese aus? Aber wir setzen diese Debatte in der gemeinsamen Annahme fort, dass alle unsere Schlussfolgerungen sich an unserer zentralen Überzeugung von Gottes Liebe orientieren.

Wir Adventisten beschreiben die neue Erde normalerweise sehr irdisch und real. Anstelle von Wolken und Harfen stellen wir uns Menschen vor, die sich mit Jesus unterhalten, miteinander studieren und lernen, Reisen unternehmen, Häuser bauen und mit Tieren spielen. Das rührt nicht daher, dass wir wirklich zu wissen meinen, wie es auf der neuen Erde tatsächlich sein wird, aber wir vertrauen völlig darauf, dass Gott in seiner Liebe unsere Zukunft besser gestalten wird, als wir sie uns je ausmalen könnten. Also lassen wir unsere Fantasie spielen – sehr wohl wissend, dass wir den Ideenreichtum der Pläne Gottes für unsere Zukunft ohnehin nicht übertreffen können.

Wie jüdische und christliche Theologen im Allgemeinen haben sich auch die Adventisten viel mit dem Problem der sogenannten Theodizee – der Frage nach der Gerechtigkeit Gottes angesichts des menschlichen Leides – beschäftigt. Die klassische Antwort auf diese Frage – „Gott ist Gott, und er kann tun, was immer er will" – weisen wir energisch zurück. Die Beantwortung der Frage nach der Gerechtigkeit Gottes darf die Aussage, dass Gott Liebe ist, nicht auf den Kopf stellen. Ein Schlüsselelement des Gerichts Gottes ist seine Demonstration, dass diese Aussage in einer Weise wahr ist, die der menschliche Verstand nachvollziehen kann (mehr dazu im letzten Teil dieses Buches).

Das zentrale Thema der Menschheitsgeschichte ist für Adventisten, dass Gott eine Gemeinschaft von Lebewesen geschaffen hat, die ihn und sich gegenseitig lieben sollen. Wie ein Vater seine Kinder brachte er uns durch den Schöpfungsakt zur Welt. Alle Taten Gottes – von der Menschwerdung seines Sohnes zur Rettung der Sünder bis zur Entscheidung im Endgericht – sind Ausdruck seiner Liebe. Sogar das Elend und die Tragödie des menschlichen Lebens hängen mit Gottes Liebe zusammen, wenn man Schmerzen, Gebrechen und Unrecht als Konsequenzen aus dem Missbrauch der Freiheit versteht, die für echte Liebe unabdingbar ist. Im Verlauf des Endgerichts werden schließlich alle Menschen davon überzeugt, dass Gott es nicht hätte besser machen können. Am Ende werden alle Bosheit und alles Leid verschwinden, und Gottes Liebe wird triumphieren.

Diese Zukunft beschreibt Ellen White in den letzten Absätzen ihres bekanntesten Buches folgendermaßen:

> Die dahingehenden Jahre der Ewigkeit werden ihnen reichere und immer herrlichere Offenbarungen Gottes und Christi bringen. Mit wachsender Erkenntnis wird auch die Liebe, Ehrfurcht und Glückseligkeit zunehmen. Je mehr die Menschen von Gott

> lernen, desto größer wird ihre Bewunderung seines Wesens sein. Und wenn Jesus ihnen die Reichtümer der Erlösung und die erstaunlichen Großtaten in dem erbitterten Kampf mit Satan erschließt, werden die Herzen der Erlösten immer mehr in Liebe erglühen ... Der große Kampf ist beendet. Sünde und Sünder sind nicht mehr. Das ganze Weltall ist rein. Eintracht und Freude herrschen in der ganzen unermesslichen Schöpfung. Von dem, der alles erschuf, fließt Leben, Licht und Freude über alle Gebiete des grenzenlosen Raumes. Vom kleinsten Atom bis zum größten Weltenkörper erklärt alle lebende und unbelebte Natur in ungetrübter Schönheit und vollkommener Freude: Gott ist die Liebe.[2]

Das ist die wichtigste adventistische Glaubensüberzeugung.

[2] *Der große Kampf*, Saatkorn-Verlag, Hamburg 1973/75, S. 677.

Die Unaussprechlichkeit des Göttlichen

Meine Gedanken sind nicht eure Gedanken, und meine Wege sind nicht eure Wege. Denn wie der Himmel die Erde überragt, so sind auch meine Wege viel höher als eure Wege und meine Gedanken als eure Gedanken. (Jes 55,8–9 Hfa)

Theologen aus der Tradition der Orthodoxen Kirchen haben einen theologischen Denkansatz entwickelt, der Apophatik genannt wird – das Schweigen angesichts der Unaussprechlichkeit des Göttlichen. Er entstammt der Überzeugung, dass Menschen keine wirklich aussagekräftige Feststellung über Gott treffen können, weil die menschliche Sprache und unser Verstand begrenzt sind. Wenn ich zum Beispiel behaupte, dass Gott Liebe ist, wäre das eine falsche Aussage, weil mein Verständnis von Liebe so dürftig und unvollkommen ist, dass meine Worte den Sachverhalt eher verzerren als verdeutlichen.[3] Die Apophatik drückt richtigerweise aus, dass die menschliche Sprache unzureichend ist, um die volle Wahrheit über Gott auszudrücken.

Dennoch benutzten die Propheten und inspirierten Verfasser der Bibel – unserer wichtigsten religiösen Quelle – eine deutliche Sprache. Sie gestanden ein, dass Gott jenseits menschlicher Worte und menschlichen Verständnisses ist, bestanden aber darauf, sinnvolle Aussagen über Gott machen zu können. Sie legten Gott sogar menschliche Worte in den Mund:

> Und nun spricht der HERR, der dich geschaffen hat, Jakob,
> und dich gemacht hat, Israel: „Fürchte dich nicht, denn ich

[3] Siehe Jaroslav Pelikan: *The Christian Tradition: A History of the Development of Doctrine,* Band 2: *The Spirit of Eastern Christendom,* University of Chicago, Chicago 1974.

> habe dich erlöst; ich habe dich bei deinem Namen gerufen; du bist mein!" (Jes 43,1).

Die beeindruckendste Beschreibung Gottes in menschlicher Sprache finden wir in 2. Mose 34,6–7:

> Er ging an Mose vorüber und rief: „Ich bin der Herr! ‚Ich bin da' ist mein Name! Ich bin ein Gott voll Liebe und Erbarmen. Ich habe Geduld, meine Güte und Treue sind grenzenlos. Ich erweise Güte über Tausende von Generationen hin, ich vergebe Schuld, Verfehlung und Auflehnung; aber ich lasse auch nicht alles ungestraft hingehen. Wenn sich jemand gegen mich wendet, dann bestrafe ich dafür noch seine Kinder und Enkel bis in die dritte und vierte Generation." (GNB)

In diesem Abschnitt zeigen sich sowohl die Kraft der Sprache als auch ihre Grenzen. Hier zitiert Mose Gott, als rede der in menschlicher Sprache. Gott verleiht sich selbst Eigenschaften, die wir Menschen verstehen können – Barmherzigkeit, Güte, Geduld. Er wird auch als ein strafender Gott dargestellt, der Vergeltung noch an den nachfolgenden Generationen übt. An anderen Stellen der Bibel wird diese Gottesvorstellung ausdrücklich korrigiert (siehe 5 Mo 24,16; 2 Kön 14,6; 2 Chr 25,4; Hes 18,20). Theologen interpretieren diese Aussage über die Bestrafung für die Sünden der Väter unterschiedlich (z. B. als natürliche Folge von Fehlverhalten), denn die Ausdrucksweise ist problematisch. Aber nur weil die Sprache und die kulturelle Prägung uns vor Schwierigkeiten stellen, können wir nicht die Macht der Sprache ignorieren, die eine Verbindung herstellt zwischen den Menschen und der Realität Gottes.

Um das Wesen Gottes begreiflich zu machen, gebraucht die Bibel häufig das sprachliche Mittel der Metapher (Gott ist wie …). Die wirkungsvollsten Vergleiche sind Anthropomorphismen, d. h. Gott wird in menschlichen Kategorien beschrieben: Er ist Vater, Mutter, Hirte, Bräutigam usw.; er hat Augen, Hände und eine Stimme; er hebt seinen starken Arm zu unserer Verteidigung; er bereut etwas (oder lenkt ein) und empfindet Liebe, Eifersucht und Hoffnung.

Die Zuhilfenahme menschlicher Charakterzüge zum besseren Verständnis Gottes ist eher Kunst als Wissenschaft, aber wer würde behaupten, dass die Wissenschaft sich zur zwischenmenschlichen Kommunikation besser eignet als die Kunst? Und die Kommunikation zwischen Gott und Menschen steht im Mittelpunkt der Bibel.

Wenn Gott der Schöpfer ist, ist es nur folgerichtig, dass seine Schöpfung auch Informationen über ihren Urheber liefert. Wenn der Mensch die Krone der Schöpfung ist und er „nach dem Bilde Gottes" geschaffen wurde (Jak 3,9b; vgl. 1 Mo 1,27), ist es nur logisch, dass das menschliche Leben und Sein konkrete Hinweise auf Gott gibt. Die Bibel erklärt, dass die Schöpfung und die menschliche Natur durch die Sünde verdorben wurden. Es gibt keine Punkt-für-Punkt-Analogie zwischen der natürlichen Welt und der übernatürlichen Realität Gottes. Aber obwohl diese Analogie nicht präzise ist, existiert sie dennoch. Aus unserer irdischen Realität lassen sich daher Erkenntnisse über das Wesen Gottes ableiten.

Aus den menschlichen Fähigkeiten, logisch zu denken, schöpferisch zu sein, zu entwerfen und zu gestalten, Musik zu machen und zu malen, zu lieben, unsere Gefühle auszudrücken, zu beurteilen, abzuwägen usw. können wir Rückschlüsse auf das Wesen Gottes ziehen. Da die biblischen Autoren die Sprache benutzen, um über Gott zu sprechen, können wir sicher annehmen, dass eine gewisse Übereinstimmung zwischen den menschlichen Worten und der mit ihrer Hilfe beschriebenen göttlichen Wirklichkeit besteht. Natürlich erklären diese Worte sie nicht präzise und umfassend. Aussagen über Gott müssen aber auch nicht vollständig und absolut sein, um bedeutungsvoll und wahrheitsgemäß zu sein.

Die Apophatik erinnert uns an die Begrenztheit unseres Menschseins und belehrt uns, wie vermessen und arrogant es ist, auf unsere eigenen Vorstellungen von Gott zu pochen. Wenn wir ihr aber in unseren theologischen Betrachtungen zu viel Raum geben, wird das Auswirkungen auf unseren Gehorsam gegenüber dem Missionsbefehl von Jesus „Geht zu allen Völkern und macht sie zu Jüngern" (Mt 28,19 NLB) haben und unser Vertrauen in das Zeugnis des Johannes untergraben: „Wer liebt, hat Gott zum Vater und kennt ihn." (1 Joh 4,7 GNB)

Wir sind aufgerufen, der Welt die Botschaft von Gottes barmherziger, unendlicher Liebe zu bringen. Wenn wir von Gott reden, müssen wir – wie die biblischen Verfasser – menschliche Sprache und menschliche Vergleiche benutzen. Lasst uns dabei so unerschrocken wie die Verfasser der Bibel sein und darum beten, dass wir mindestens halb so effektiv sind wie sie.

Gott als unser Vater

Leiere nicht endlose Gebete herunter wie Leute, die Gott nicht kennen. Sie meinen, sie würden bei Gott etwas erreichen, wenn sie nur viele Worte machen. Folgt nicht ihrem schlechten Beispiel, denn euer Vater weiß genau, was ihr braucht, noch ehe ihr ihn um etwas bittet. Ihr sollt deshalb so beten: „Unser Vater im Himmel! Dein heiliger Name soll geehrt werden." (Mt 6,7–9 Hfa)

Ich traf Sally auf dem Weg zu meinem Büro in der Adventgemeinde. Wir plauderten ein paar Minuten, dann nahm sie sichtlich all ihren Mut zusammen und sagte: „Darf ich eine Bitte äußern? Würdest du bitte das Wort ‚Vater' in deinen Predigten nicht mehr benutzen? Jedes Mal, wenn du es aussprichst, kann ich dir in den nächsten fünf Minuten nicht mehr zuhören, manchmal sogar zehn Minuten. ‚Vater' ist für mich ein Schimpfwort."

Es ging mir ans Herz, als Sally mir schilderte, wie sie immer wieder von ihrem Vater missbraucht worden war. Bis vor kurzem hatte sie keine Kirche besucht. Jetzt war sie auf der Suche nach Gott und hoffte, dass die Adventgemeinde ihr dabei helfen würde. Aber das Wort Vater bewirkte alles andere, als dass sie sich zu Gott hingezogen fühlte. Wenn ich also in einer Predigt Gott als verlässlichen, fürsorglichen Vater, voller Gnade und Barmherzigkeit beschrieb, dauerte es jedes Mal eine Weile, bis sie sich so weit gesammelt hatte, dass sie mir wieder zuhören konnte.

Als Pastor habe ich schon zu viele Geschichten von Männern gehört, die als Vater versagt haben. Bills Vater betrog seine Frau und kümmerte sich überhaupt nicht um seine Kinder; Johns Vater neigte zu unberechenbaren Gewaltausbrüchen; Marthas Vater hatte nur Hohn und Spott für sie übrig. Doch am meisten haben mich die Berichte über einige Väter erschüttert, die Geistliche waren.

Barbara ist die Tochter eines in den USA bekannten Evangelisten. Viele erzählten mir begeistert, welch einen positiven Einfluss er auf ihr Leben gehabt habe. Gegenüber seiner Tochter aber verhielt er sich ablehnend und unnahbar. Noch im Erwachsenenalter tat sie sich wegen des schiefen Gottesbildes, das ihr Vater ihr vermittelt hatte, sehr schwer damit, Hoffnung und Heilung zu finden.

Susannes Vater ist ein bekannter und angesehener adventistischer Theologe. Seine früheren Studenten berichteten voller Enthusiasmus, wie authentisch seine Vorlesungen über Jesus auf sie gewirkt hatten. Tausenden Menschen hatte Susannes Vater Hoffnung gegeben und sie zur Bekehrung gebracht. Seine Tochter jedoch kämpft immer noch mit ihrem geringen Selbstwertgefühl. Nie war sie gut genug, um ihrem Vater zu gefallen. Wäre er ein schlechter Mensch gewesen, hätte sie vielleicht eher mit seiner fehlenden Anerkennung leben können; aber er war ein frommer, in unserer Kirche hoch geschätzter Mann. Seine Missbilligung übertrug Susanne auf Gott. Gott wurde für sie gleichbedeutend mit ihrem Vater, dem sie es niemals recht machen konnte.

Vater ist ein sehr problematisches Wort. Aber Jesus sagte: „Ihr sollt so beten: ‚Unser Vater im Himmel!'"

Wir könnten aus der Tatsache, dass viele Väter versagen, die Konsequenz ziehen, das Vaterbild aus unserer Theologie zu verbannen. Wir könnten auch geschlechtsneutrale Termini benutzen wie: „Unser Elternteil im Himmel..." Oder wir könnten versuchen, noch differenzierter vorzugehen und elterliche Vorstellungen von Gott ganz zu umgehen, weil sie ohnehin nur ein unbeholfener Versuch sind, eine spirituelle Realität zu erfassen, die man am besten beschreibt, ohne auf menschliche Vergleiche zurückzugreifen, zum Beispiel mit „Großer Gott", „Höchster ..." oder „Ewiger Geist".

Aber ich glaube nicht, dass einer dieser Ansätze sinnvoll wäre. Die Geschichten über gescheiterte Väter sind immer mit der psychischen und spirituellen Schädigung ihrer Kinder verbunden – und einem nagenden, unstillbaren Hunger. So, wie wir unseren Vater sehen, sehen wir zwangsläufig auch Gott. Und wenn ich mich von meinem himmlischen Vater geliebt weiß, ist diese Welt ein freundlicher Ort. Gott ist eine freundliche und gütige Gottheit. Wenn ich jedoch meinem Vater nie etwas recht machen konnte, wird es für mich sehr schwierig sein zu glauben, dass Gott lächelt, wenn er mich anschaut. Doch ohne dieses Lächeln des Vaters können wir einfach nicht leben. Wir werden immer auf der Suche nach einem adäquaten Ersatz sein.

Häufig wird eine seelische Störung durch diese „Ersatzväter" noch verstärkt. Pathologische sexuelle Beziehungen, Abhängigkeit von Suchtmitteln und Arbeitssucht entstehen oft durch den verzweifelten Hunger nach dem, was Väter ihren Kindern vorenthalten haben. Sogar die Religion kann eine seelische Störung vertiefen und intensivieren. Es ist eine natürliche Reaktion, die Verhaltensweise des Vaters auf Gott zu übertragen. Auf diese Weise wird Gott zu einem strengen und autoritären, zu einem tyrannischen und unberechenbaren oder zu einem unnahbaren, gleichgültigen und unzuverlässigen Wesen, das niemals mit uns zufrieden ist. Menschen übertragen die Probleme mit ihren Vätern auf Gott und denken, dass er sich wie sie verhält.

Aber Gott hat etwas viel Besseres im Sinn. Wir sind aufgefordert, über das Zerrbild Gottes, das in unseren Herkunftsfamilien geformt wurde, hinauszuwachsen. Gott will, dass wir seinen wahren Charakter erkennen, den Jesus in seiner Bergpredigt beschrieb:

> Euer Vater weiß genau, was ihr braucht, noch bevor ihr ihn darum bittet …
> Schaut die Vögel an. Sie müssen weder säen noch ernten noch Vorräte ansammeln, denn euer himmlischer Vater sorgt für sie. Und ihr seid ihm doch viel wichtiger als sie …
> Wenn sich Gott so wunderbar um die Blumen kümmert, die heute aufblühen und schon morgen wieder verwelkt sind, wie viel mehr kümmert er sich dann um euch? … Hört auf, euch Sorgen zu machen um euer Essen und Trinken oder um eure Kleidung … Euer himmlischer Vater kennt eure Bedürfnisse … [Er] wird euch jeden Tag geben, was ihr braucht. (Mt 6,8.26.30–33 NLB)

Jesus schilderte Gott als einen idealisierten menschlichen Vater. Er kennt uns gut und achtet auf uns; er ist ansprechbar und reagiert positiv auf uns, ist nicht unnahbar und abwesend. Er sorgt für uns und kümmert sich aktiv um unsere Belange. Er sieht unsere guten Taten und belohnt sie. Es bereitet ihm Freude, uns Gutes zu tun. Jesus sagte zu seinen Jüngern:

> Hab also keine Angst, kleine Herde. Denn es macht eurem Vater große Freude, euch das Reich Gottes zu schenken. (Lk 12,32 NLB)

Volle Reife erlangen wir dann, wenn wir unsere Identität nicht mehr aus dem Zerrbild Gottes ableiten, das sich im Verhalten vieler irdischer Väter zeigt, sondern aus dem Vertrauen auf Gottes wahres Wesen, wie Jesus es uns gezeigt hat. Er konnte zu Recht von sich behaupten: „Wer mich sieht, der sieht den Vater!" (Joh 14,9)

Für viele Menschen ist es nicht leicht (was noch stark untertrieben ist), diese Reife zu erreichen. Deshalb hat Gott die Gemeinde dazu berufen, Menschen dabei zu helfen, zu dieser Reife zu kommen. Durch menschliche Vorbilder in der Gemeinde will Gott uns helfen, eine Vorstellung von seinem liebevollen Wesen zu bekommen. In der Gemeinde sollen wir bedingungslose Liebe, Annahme, Unterstützung, Belehrung, Anleitung und Ermahnung erfahren und uns geschätzt wissen. Wenn die Gemeinde sich diesem Ideal annähert, wird sie zu einer Gemeinschaft, in der Menschen psychische Heilung erleben. Dann erfüllt sie die biblischen Begriffe von „Gottes Hausgemeinschaft" (1 Tim 3,15 GNB) und „Gottes Familie" (Eph 2,19 NLB) mit Leben.

Wie eine Mutter

Kann eine Mutter ihren Säugling vergessen? Bringt sie es übers Herz, das Neugeborene seinem Schicksal zu überlassen? Und selbst wenn sie es vergessen würde – ich vergesse dich niemals!
(Jes 49,15 Hfa)

Ende der 1990er-Jahre wurde in Oxnard (Kalifornien) ein 50-jähriger Mann wegen Mordes an einem Polizisten angeklagt und verurteilt. Der Angeklagte war ein Obdachloser, der ständig in Schwierigkeiten geriet. Er war zerbrochen, psychisch krank und durch jahrelangen Alkohol- und Drogengebrauch zerstört. Es gab keinen Zweifel daran, dass er der Täter war, aber es blieb unklar, warum er die Tat begangen hatte. Am Ende ließ sich diese Frage nicht beantworten. Es gab nicht den kleinsten Hinweis auf ein Fehlverhalten seitens des Polizisten; es schien ein vollkommen sinnloser Mord gewesen zu sein – der erschütternde Fall eines Polizisten und des Mannes, der ihn erschossen hatte, die beide einfach zur falschen Zeit am falschen Ort gewesen waren.

Die Verzweiflung der Familie des Polizisten war erschütternd. Er war erst Anfang 30 gewesen und hinterließ eine junge Frau und mehrere Kinder. Ihr traumatisches Erlebnis wurde in der Berichterstattung der Medien über die Gerichtsverhandlung entsprechend ausgebreitet.

Wilma Johnson, saß während des gesamten Verfahrens jeden Tag still im Gerichtssaal. Sie hörte dem Staatsanwalt zu, wie er das Verbrechen ausführlich beschrieb. Sie hörte der Frau des Opfers zu, die über den schrecklichen Verlust sprach, der über die Familie hereingebrochen war. Sie spürte die Empörung der Anwesenden.

Ein Reporter sprach nach der Verhandlung mit Wilma Johnson. Sie sagte, dass sie die Wut der Familie und die allgemeine Empörung verstehen könne. Auch sie sei entsetzt über das Verbrechen und den Verlust eines Menschenlebens. Der Mörder müsse für sein Verbrechen bezahlen. Was er getan habe, sei abgrundtief böse. Keinen Augenblick entschuldige sie seine Tat, und sie leide mit der trauernden Familie.

Aber es gäbe etwas, was sie die Welt wissen lassen wolle. Dieser gebrochene, am Boden zerstörte Mörder sei ihr Sohn. Möglicherweise könne nur eine Mutter einen solchen Sohn lieben. Aber sie sei seine Mutter, und er ihr Sohn. Sie wolle, dass die Welt auch dies erfahre.

Genauso liebt Gott seine Kinder, die guten und die bösen, egal, ob sie erfolgreich sind oder versagen. Er entschuldigt das Böse nicht, er sieht nicht einfach über Sünde hinweg; aber nichts kann etwas an der Tatsache ändern, dass er uns Sünder als sein Eigentum beansprucht. Ganz gleich, wen wir verletzt haben, ganz gleich, was wir getan haben – er liebt uns. Und das wird er immer tun.

Gott hat die Realität der Bosheit fest im Blick. Es gibt Menschen, die zwar Gut und Böse kennen und sich dennoch für das Unrecht entscheiden. Und es gibt Menschen, die das Böse wählen – nicht weil sie verwirrt sind oder fehlgeleitet wurden oder schwach sind, sondern weil sie ganz bewusst eine Vorliebe für das Böse entwickelt haben. Solche Menschen werden nicht die Ewigkeit mit Gott verbringen. Aber obwohl sie es verdient haben, von der neuen Erde ausgeschlossen zu werden (und dies sogar in ihrem besten Interesse geschieht), wird Gott um sie trauern.

Je besser und inniger wir die Beharrlichkeit der göttlichen Liebe kennenlernen, desto mitfühlender wird unser eigenes Herz gegenüber den Gescheiterten, Anders- und Abartigen empfinden und desto hartnäckiger werden wir für die hoffen (und beten), die bereits verloren zu sein scheinen.

Gottes Hunde

[Gott] hat euch mit Christus lebendig gemacht und alle Schuld vergeben. Gott hat den Schuldschein, der uns mit seinen Forderungen so schwer belastete, eingelöst und auf ewig vernichtet, indem er ihn ans Kreuz nagelte. (Kol 2,13–14 Hfa)

Ein Angestellter der städtischen Parkanlagen stand an unserer Haustür. Ob wir einen braunen Hund hätten? Ich bejahte das.

Die Mülleimer im Park wären umgekippt und ihr Inhalt überall verstreut worden. Zeugen hätten gemeldet, dass unser Hund der Übeltäter sei. Und das sei nicht das erste Mal gewesen. Wenn wir unseren Hund in Zukunft nicht im Haus hielten, könnten wir uns auf eine saftige Strafe gefasst machen, und der Hund würde ins Tierheim kommen.

Ich entschuldigte mich überschwänglich und versprach, den Hund im Haus zu halten und den Park zu säubern, egal ob Toby der Verursacher war oder nicht. Es zeigte sich, dass letzteres Versprechen einfacher umzusetzen war.

Toby war sehr erfinderisch dabei, uns zu entwischen. Er grub sich unter dem zur Parkseite liegenden Zaun unseres Grundstücks durch, trotz meiner Bemühungen, dies durch Steine, Holzbalken und Erdauffüllungen unmöglich zu machen. Er kletterte über den Zaun auf der gegenüberliegenden Seite des Hofes, umrundete den Block und gelangte so zum Park. Monatelang nahm er seinen Weg durch ein Tor, dessen Schloss leicht nachgab. Nachdem die Kinder Tobys Trick entdeckt hatten, verstärkte ich das Tor. Infolgedessen war unser Hund wenigstens eine Weile sicher eingesperrt. Nach ein oder zwei Monaten jedoch hörte ich wieder das vertraute Kratzen an der Haustür. Und da stand er – glücklich über sein Festmahl im Park und in sicherer Erwartung, freudig begrüßt zu werden.

Ich brachte ihn in den Hof, sperrte ihn in seinen Zwinger und eilte in den Park, um den Müll wegzuräumen. Welch ein Chaos! Gebrauchte Windeln, mit Essen und Ketchup beschmierte McDonald's-Tüten und Pappteller, Zigarettenkippen, Servietten, Limonadenflaschen, Getränkedosen und Schalen von Wassermelonen.

Auch zu Hause war Toby nicht gerade ein Engel. Nachdem wir ihn aus dem Tierheim geholt hatten, terrorisierte er ein ganzes Jahr lang unsere Katzen. Er fraß sogar den Chinchilla des Nachbarn.

Uns boten sich mehrere Alternativen: Wir konnten ihn weggeben oder einschläfern lassen. Oder wir konnten ihn behalten und ihn so lange erziehen, bis er die Katzen in Ruhe ließ – und uns bei den Nachbarn wegen des Chinchillas entschuldigen und des Öfteren den Park reinigen. Es ist bereits klar geworden, was ich getan habe. Toby war mein Hund; seine Probleme waren auch die meinen.

Wir sind Gottes „Hunde". Wir haben ein riesiges, schreckliches Durcheinander angerichtet, und das kann nicht einfach so hingenommen werden. Gott könnte sich von uns abwenden und uns dem Tod preisgeben. Stattdessen nimmt er unsere Probleme auf sich und macht sie zu den seinen. Selbst wenn wir große moralische Schuld auf uns geladen haben, die wir niemals wieder gutmachen können – und die uns vielleicht nicht einmal bewusst ist –, steht Gott trotzdem für sie ein.

Theologen haben sich lange mit der Frage auseinandergesetzt, was der logische Sinn der biblischen Aussage ist, dass durch den Kreuzestod Christi Sünder erlöst sind und ihre Schuld bezahlt ist. Das Forschen der Theologen ist sinnvoll; aber vielleicht können wir diese Lehre mehr intuitiv verstehen, wenn wir uns selbst einmal so ansehen, als seien wir Gottes Hunde.

Wer sich durch diesen Vergleich beleidigt fühlt, hat noch nicht genügend darüber nachgedacht, was Menschen schon alles angerichtet haben.

Die Trauer Gottes

In Rama hört man Klagerufe und bitteres Weinen:
Rahel weint um ihre Kinder und will sich nicht trösten lassen;
denn sie sind nicht mehr da. (Mt 2,18 GNB)

Seit ein paar Wochen hatte ich den Dienst in meiner neuen Gemeinde angetreten und absolvierte nun meine Besuchsrunde, um die Gemeindeglieder kennenzulernen. Ich war erst wenige Minuten bei Lois, als sie mir von der großen Leere erzählte, die der Tod ihrer Tochter Angela in ihrem Leben hinterlassen hatte. Ihr Schmerz war so intensiv, als wäre Angela gerade erst einige Tage zuvor gestorben. Ich hörte genau zu, als sie mir Einzelheiten berichtete, wie Angela ertrunken war. Ich war mir sicher, dass der Unfall erst kürzlich passiert sein musste. Aber es hörte sich an, als sei Angela ein Teenager gewesen – und Lois war schon 80 Jahre alt. Schließlich erwähnte sie, worauf ich gewartet hatte: Angela war an ihrem 16. Geburtstag gestorben, vor 40 Jahren.

Eine Mutter vergisst nicht; ihre Trauer hört niemals auf.

Die meisten Christen glauben, dass ein Mensch nach seinem Tode entweder sofort bei Gott ist oder die ewigen Qualen der Hölle erleidet. Gemäß dieser Sichtweise wäre Gott vor dem Tod eines treuen Gläubigen in seinem Umgang mit ihm durch dessen körperliche Existenz eingeschränkt; wenn ein Christ stirbt, überwindet der Tod diese Trennung und leitet seine Seele unmittelbar zu den Freuden einer ungehinderten Gemeinschaft mit Gott. Für Gott wäre der Tod also ein großer Segen; für Menschen wäre er das Tor zum Himmel. Die Angehörigen, die auf der Erde zurückbleiben, werden von Kummer und Trauer gequält, aber Gott freue sich über die „Heimkehr“ seines geliebten Kindes.

Das adventistische Verständnis von den Ereignissen nach dem Tod eines Menschen entwirft ein völlig anderes Gottesbild. Wenn ein Mensch stirbt, kommt seine interaktive Gottesbeziehung in Form von Gebeten, Lobpreis, Gottesdienst und Gehorsam zum Stillstand. Ganz sicher bewahrt Gott den Menschen in seinem Herzen und seiner Erinnerung; aber als aktives, denkendes, liebendes, sprechendes Wesen existiert die Person nicht mehr. In der Sprache der Bibel „schläft" die Person (siehe Joh 11,11–14).

Ein Toter ist sich der ablaufenden Zeit und des Wartens auf Christi Wiederkunft nicht bewusst; er bleibt ohne jede Wahrnehmung bis zu seiner Auferstehung (siehe Pred 9,5–6.10). Bei der Wiederkunft werden alle, die zum Volk Gottes gehören, gemeinsam vor das Angesicht Gottes gebracht (siehe 1 Ths 4,16–17) und zum großen himmlischen Fest versammelt (Offb 19,6–9).

Gemäß dieser Sichtweise ist Gott selbst von der lebendigen Gemeinschaft mit dem Verstorbenen abgeschnitten – genauso wie die trauernden Familienangehörigen und Freunde. Der Tod ist demnach für Gott kein Segen, sondern der Tod raubt ihm die Anbetung eines seiner Kinder (Ps 115,17). Wenn ein Christ stirbt, kann Gott dessen Lobpreis und Gebete nicht mehr empfangen. Gott bewahrt seine Kinder in liebevoller Erinnerung und sieht freudig der Zukunft mit ihnen entgegen, aber er pflegt keine Gemeinschaft mit ihren vermeintlichen „Seelen".

In der Geschichte von Lazarus, der ein enger Freund von Jesus war, lesen wir, dass Jesus weinte, kurz bevor er Lazarus zum Leben erweckte (Joh 11,35). Da Jesus den Vater repräsentierte, zeigt diese Begebenheit, wie sehr sich Gott mit menschlichem Leid identifiziert. Jesus wusste genau, dass Lazarus nicht tot bleiben würde (V. 11); dennoch rührte ihn die Trauer seiner Freundinnen Marta und Maria zu Tränen.

Jeder weiß, wie sehr Eltern mit ihren Kindern mitfühlen, wenn sie Schmerzen haben oder verletzt wurden; manchmal leiden die Eltern viel mehr als sie. Und unser himmlischer Vater fühlt den Schmerz seiner Kinder ebenso. Wenn Leid oder Trauer unser Herz erschüttert und uns zu Tränen rührt, leidet Gott im Himmel mit, weil wir leiden.

Aber Gottes Trauer bedeutet noch mehr. Es ist nicht lediglich die Reaktion auf unser eigenes Leid. Gott selbst ist durch die vom Tod verursachte Trennung betroffen, denn der Tod unterbricht die kommunikative Gemeinschaft mit seinen Kindern. Gott zahlt den emotionalen Preis, den der von ihm selbst entworfene Plan fordert. Was also das Ertragen von Leid und Trauer anbelangt: Gott erwartet von uns nichts, was er sich nicht selbst abverlangt!

Wenn wir Gott als leidtragenden Vater sehen, hat dies große Auswirkungen darauf, wie wir über die Verzögerung der Wiederkunft denken. Warum ist Jesus noch nicht wiedergekommen, wie er es versprochen hat? Warum dauert es so lange? Adventisten haben verschiedene Erklärungen dafür: Gott warte, weil er mehr Menschen retten will; er warte auf einen bereits festgelegten Zeitpunkt; er warte darauf, dass das Böse zur vollen Reife gelange, das Evangelium in aller Welt gepredigt werde oder der Charakter Christi in seinem Volk zur Vollendung komme.

Jede dieser Theorien hat etwas für sich – und jede birgt gleichzeitig Probleme in sich. Die adventistische Auffassung von der Natur des Todes beantwortet die Frage nicht, warum Gott seinen Sohn noch nicht zurückkehren ließ, aber sie verändert ihren emotionalen Gehalt. Wir sollten uns nicht bloß fragen, warum Gott sich nicht beeilt und uns endlich von unseren Schwierigkeiten befreit (was eine berechtigte Frage ist).

Die Vorstellung, dass Gott leidet, sollte uns dazu veranlassen, darüber nachzudenken, warum Gott sich nicht selbst verschont. Wenn die Erlösten schlafen, während sie auf den Tag der Auferstehung warten, der im Neuen Testament so anschaulich beschrieben wird, dann ist jeder Tag, der die Wiederkunft Christi verzögert, ein weiterer Tag, an dem Gott die Trauer eines hinterbliebenen Elternteiles erleidet. Weil Gott jeden Menschen viel mehr liebt, als eine Mutter ihr Kind, zeichnet das adventistische Verständnis vom Tod zugleich das Bild eines trauernden Gottes.

Folgt man der traditionellen christlichen Auffassung vom Tod, kann die Motivation Gottes, der menschlichen Geschichte ein Ende zu setzen, nicht allzu groß sein. Gott kann täglich einige seiner heimgekehrten Kinder willkommen heißen. Aber nach der adventistischen Sichtweise fügt jeder Tag, der vergeht, dem Leiden Gottes, das auf seinem Herzen lastet, ein weiteres hinzu. Gott verlangt nicht von uns, Lasten auf uns zu nehmen, die er selbst nicht zu tragen bereit ist. Er fordert von uns nicht, tapfer Leiden auszuhalten, die er selbst nicht empfinden muss.

Ich erinnere mich an eine Predigt bei einer Beerdigung, der ich beiwohnte. In der ersten Reihe saßen vier oder fünf Kinder – die Geschwister eines 8-jährigen Jungen, der bei einem Unfall ums Leben gekommen war. Das Vorderrad seines Fahrrads war auf einen Felsbrocken geprallt, und er war vor ein vorbeifahrendes Auto geschleudert worden.

Der Pastor wandte sich direkt an die Kinder vor ihm: „Versucht, den Tod eures Bruders nicht zu schwer zu nehmen. Ich weiß, dass ihr ihn vermisst. Aber Gott braucht ihn oben im Himmel, deshalb hat er ihn zu sich genommen. Gott hat eine sehr wichtige Aufgabe für euren Bruder dort oben. Haltet euch an Jesus, und dann werdet ihr eines Tages mit eurem Bruder im Himmel sein, und er wird euch das Neue Jerusalem zeigen und euch erzählen, was er erlebt hat, während ihr hier unten für Jesus gearbeitet habt."

Der Pastor tat, was von einem Pastor erwartet wird: Er schöpfte aus den theologischen Quellen seiner Glaubensgemeinschaft, um so gut wie möglich Trost und Zuspruch zu spenden. Aber ich war entsetzt über die Folgen, die solche Worte haben können.

Willst du mir wirklich erzählen – so rief ich ihm in Gedanken zu –, *dass Gott jedes Mal, wenn ihm die Küchenhilfen in der himmlischen Cafeteria ausgehen, Felsbrocken vor die Fahrräder kleiner Kinder wirft? Ist Gott wirklich so knapp an Hilfskräften im Himmel – trotz der zahllosen Engel? Was für ein Gott ist denn das?*

Wäre diese Vorstellung wahr, würde das bedeuten, dass unser tiefstes Leid gleichzeitig für Gott Freude bedeutet. Menschen, die hier auf Erden innig geliebt wurden und eine große Leere hinterlassen, wenn sie sterben, sind bei ihrem Tod augenblicklich Grund zu großer Freude im Himmel? Wir auf der Erde zahlen den Preis für die Aufstockung der himmlischen Belegschaft?

Die allgemein verbreitete christliche Auffassung vom Tod ist durchaus auch tröstlich – das gebe ich zu: Die Verstorbenen kämen an einen Ort, wo sie kein Leid und keinen Schmerz mehr erfahren (obwohl logischerweise die Freuden des Himmels durch das Bewusstsein beeinträchtigt wären, dass ihre Lieben auf der Erde immer noch dem Bösen und dem Leid ausgesetzt sind).

In Wahrheit wird für treue Christen der nächste bewusste Moment nach dem Tod ihre Auferstehung sein und der Anblick ihres Erlösers. Die Zeit im Grab, die für die Hinterbliebenen mit intensiver Trauer verbunden ist, existiert für die Toten nicht, da sie keinerlei Bewusstsein haben.

Das adventistische Verständnis vom Tod befasst sich mit der schmerzlichen Realität, mit der die noch Lebenden konfrontiert sind. Für die, die der Tod eines geliebten Menschen zurücklässt, besteht die unmittelbare Wirklichkeit aus Trauer und Schmerz.

Und bei jedem Sterben ist Gott selbst einer der Hinterbliebenen, einer der Trauernden. Gott zieht keinen Nutzen aus dem Tod eines seiner Geschöpfe. Er bringt erst recht keine Kinder um, um mit ihnen das himmlische Küchenpersonal oder die himmlischen Chöre zu komplettieren. Er vergisst unser Leid auch nicht vor lauter Freude an der Gemeinschaft mit denjenigen seiner Kinder, die bereits aus dem irdischen Gefängnis in seine Gegenwart entflohen sind. Vielmehr begibt sich Gott in die tiefsten Tiefen unseres Leides. In Wahrheit ist unser tiefstes Leid nur ein schwacher Abglanz des Leidens Gottes.

Wenn wir das erfassen, ist der Schmerz, den wir in der Trauer erfahren, ein – zugegeben hartes – Lehrstück über die Tiefe und Intensität der Liebe Gottes.

TEIL II

Die Gemeinde – die heilige Familie

Die Familie der Christen

So seid ihr nicht länger Fremde und Heimatlose; ihr gehört jetzt als Bürger zum Volk Gottes, ja sogar zu seiner Familie.
(Eph 2,19 Hfa)

Ich war 22 Jahre alt und auf dem Weg von meiner Heimatstadt Memphis in Tennessee zum Pacific Union-College, an dem ich als Austauschstudent mein Abschlussjahr absolvieren wollte. Ich war noch nie dort gewesen und kannte dort niemanden. Am Zielflughafen in Oakland angekommen, schob ich mich durch ein Meer unbekannter Gesichter und hielt Ausschau nach meinem Onkel Ellsworth. Ich hatte ihn erst einmal gesehen, als ich sechs Jahre alt war, und nicht die leiseste Ahnung, wie er aussah. Ein großer Mann mit einem freundlichen Gesicht und weißer Haarmähne kam auf mich zu und sprach mich fragend an: „John?"

Innerhalb weniger Sekunden fühlte ich mich nicht mehr wie ein Fremder, verloren in der Menge auf dem Flughafen, sondern wie ein verlorener Sohn, der nach Hause zurückkehrte. Onkel Ellsworth und Tante Bernice bereiteten mir einen herzlichen Empfang.

Die Spaghettis meiner Tante am Freitagabend waren der Höhepunkt jeder Woche. Und meine Kusine Jeanine erwies sich als eine wunderbare Freundin, die mir ihren Rat anbot, was Verabredungen mit Mädchen anging. An diesem fremden Ort mitten unter fremden Leuten fühlte ich mich zu Hause, weil ich zu einer Familie gehörte.

Amerikaner betonen besonders das Individuum. In den Geschichten unserer Nation werden vor allem Personen verehrt, die aus bescheidenen Familienverhältnissen durch harte Arbeit und persönliche Initiative zu individueller Größe emporgestiegen sind. Die meisten von uns wissen nichts über die Herkunftsfamilien von Benjamin Franklin oder George Washington. Gegenüber politischen Dynastien wie den Kennedys oder den Bushs sind wir eher misstrauisch und fragen uns, ob die jüngeren Mitglieder solcher Familien ihre Position womöglich nur aufgrund familiärer Beziehungen erreicht haben. Manche Bürger wollen gezielte Fördermaßnahmen zugunsten benachteiligter Gruppen nicht auf der politischen Tagesordnung sehen, weil sie glauben, dass dadurch die individuelle Leistung eines Menschen abgewertet wird.

Aber in Wirklichkeit entsteht die persönliche Identität nicht durch das Individuum selbst. Wir erhalten sie von unserer Familie – buchstäblich oder im übertragenen Sinn. Jeder Einzelne trifft zwar Entscheidungen, die zu Gewohnheiten werden und den Charakter formen, doch diese willentlich gefassten Entschlüsse führen meist allenfalls zu einer bloßen Abwandlung jener Identität, die bereits durch die Familie vorgegeben ist. Identität ist also eher eine Gabe als eine Errungenschaft. Diese Auffassung finden wir in der Bibel.

Am Anfang wurde dem Menschen bei der Schöpfung eine Identität geschenkt – er wurde „zum Bilde Gottes" geschaffen (1 Mo 1,27). Die Geschichte des Volkes Israel glorifiziert den Status, den die Nachkommen Jakobs genossen. Die Bibel hebt die Privilegien hervor, die ihnen als Angehörige einer von Gott erwählten Nation zustanden. Zu keinem Zeitpunkt machte Gott aber diese Erwählung vom Charakter oder den Eigenschaften Einzelner oder gar des ganzen Volkes abhängig (siehe 5 Mo 7,6–8). Und im Neuen Testament werden die Gläubigen nicht als gerettete Individuen beschrieben, sondern als geliebte Mitglieder der heiligen Familie, der Hausgemeinschaft Gottes.

Im Alten Testament wird deutlich, dass Gott auch einige Menschen, die nicht aus dem Volk Israel stammten, als zu seinem Volk gehörig betrachtete. Denken wir nur an die Geschichten von Rahab, Rut oder Naaman (Jos 2; Rut 3–4; 2 Kön 5) und an die Aussagen in Psalm 87, die alle Völker mit einschlossen:

> Der HERR hat seine Stadt gebaut, ihr Fundament ist sein heiliger Berg. Er liebt die Zionsstadt mit ihren schönen Toren mehr als alle anderen Orte, in denen die Nachkommen Jakobs

> wohnen. Was er von dir sagt, du Gottesstadt, macht deinen Ruhm noch größer: „Ich rechne Ägypten und Babylon zu denen, die mich kennen und ehren; auch das Philisterland gehört dazu, ebenso Tyrus und Äthiopien, von denen man sagen kann: ‚Dieser und jener ist dort zu Hause.' Aber zu Zion wird man sagen: ‚Jeder ist in dir zu Hause, denn Gott, der Höchste, hat dich errichtet'". Der Herr stellt eine Liste mit Menschen aus allen Völkern auf und hinter jeden Namen schreibt er: „Dieser Mensch hat Heimatrecht in Zion." Alle tanzen vor Freude und singen: „Zion, in dir sind wir daheim!" (Ps 87,1–7 GNB)

Es fällt auf, dass die Babylonier und die Philister, die die traditionellen Feinde Israels waren und dennoch die Gunst des HERRN empfingen, nicht als die meist angesehenen Bürger ihres eigenen Landes geehrt wurden, sondern als Ehrenbürger Jerusalems willkommen geheißen wurden. Sie wurden zu den Mitgliedern der irdischen Gemeinschaft gerechnet, der Gott seine Gnade schenkte.

Dieses Thema hallt im Neuen Testament wider. Dort wird von der Begegnung zwischen Jesus und Zachäus berichtet, der ein Steuereintreiber in der Stadt Jericho war. In der damaligen Gesellschaft hatten Zöllner einen ähnlichen Stellenwert wie Drogendealer in der heutigen Zeit. Weil sie mit der römischen Besatzungsmacht zusammenarbeiteten, wurden sie als verräterische Kollaborateure betrachtet und galten als hoffnungslos korrupt. Sie wurden um ihren Wohlstand beneidet und waren wegen ihrer Schlechtigkeit verhasst. „Zöllner" und „Sünder" bedeutete dasselbe.

Jesus selbst lud sich in das Haus des Zolleinnehmers Zachäus zum Abendessen ein. Bei Tisch gab Zachäus bekannt, dass er bereits die Hälfte seines Besitzes den Armen gäbe und jedem, den er bestohlen hatte, seinen Verlust vierfach ersetzte (Lk 19,8). Damit bei Zachäus nicht der Eindruck entstand, dass gute Werke zur Erlösung führen, erklärte Jesus:

> Heute ist diesem Hause Heil widerfahren, denn auch er ist Abrahams Sohn. Denn der Menschensohn ist gekommen, zu suchen und selig zu machen, was verloren ist. (Lk 19,9–10)

„Heute“ war Jesus zu ihm gekommen und Zachäus hatte ihn „voller Freude bei sich“ aufgenommen (V. 6b GNB). Beachten wir, dass Jesus den neuen Status des Zachäus nicht auf dessen individuelles Verhältnis zu Gott bezog, sondern auf die Wiederherstellung seines Heimatrechts in der Gemeinschaft der Söhne Abrahams (eine Umschreibung für das Volk Gottes, siehe Gal 3,29).

Die Bibel sagt sehr wenig über „Gott und ich“; ihre Betonung liegt auf „Gott und wir“. Meine Errettung erlange ich nicht durch das Streben nach persönlicher Heiligkeit; sie wird mir geschenkt, indem ich durch Christus Teil der heiligen Gemeinschaft werde. Die Segnungen, die ein Nachfolger Christi empfängt, sind Gaben an das „auserwählte Volk“, an die heilige Nation, die nun die Gemeinde Christi ist (1 Ptr 2,9 NLB). Sie werden nicht heiligen Individuen oder einzelnen Gläubigen zuteil – es sei denn, diese sind in „Gottes heiliges Volk“ aufgenommen worden.

Die Betonung der Gemeinschaft erreicht ihren Höhepunkt im Buch der Offenbarung. Kapitel 3 zeigt uns zwar Jesus, der an die Tür klopft, weil er mit dem einzelnen Gläubigen Gemeinschaft haben will (V. 20 GNB); aber viel häufiger liegt in der Offenbarung der Schwerpunkt auf dem Volk Gottes, das durch Jesus „erkauft [ist] aus allen Stämmen und Sprachen und Völkern und Nationen“ (Kap. 5,9) und das er zu einem „Königreich“ von Priestern gemacht hat (V. 10 NLB). Die ihm angehören, bilden einen himmlischen Chor und „folgen dem Lamm nach, wohin es geht“ (Kap. 14,4). Sie sitzen auf Thronen und halten Gericht (Kap. 20,4a). Die Scharen des Volkes Gottes freuen sich über ihre Errettung, indem sie gemeinsam Gott und Jesus anbeten. Sie werden mit ihm ewig regieren (Kap. 22,5c) – nicht als Individuen in persönlichen Einzelentscheidungen, sondern gemeinsam.

Die Gemeinschaft als Quelle der Identität des Einzelnen kommt auch in den wichtigsten Praktiken der christlichen Kirche zum Ausdruck: der Taufe, dem Abendmahl und dem Sabbathalten; sie steht in Zusammenhang mit den meisten der klassischen Erläuterungen der Kreuzigung Christi, hat grundlegende Auswirkungen auf unser Verständnis von der Gemeinde und ist nicht von unserer Lehre über Gott zu trennen.

Historisch gesehen betrachten wir Adventisten uns als auf einzigartige Weise dazu berufen, als Gottes Gemeinde in der Endzeit Christus zu dienen. Diese Überzeugung kann als geistliche Arroganz verfälscht werden, aber richtig verstanden beleuchtet sie die wesentliche Rolle, die Gemeinschaft im Werk Gottes spielt. Gott will keine geistlichen Einzelkämpfer, die hier und da in Erscheinung treten und heroische Taten für das Reich Gottes vollbringen. Vielmehr sucht Gott nach Menschen, die bereit sind, eine heilige Gemeinschaft zu bilden, die bekannt ist für ihren Glauben, ihre Liebe untereinander und ihre Hoffnung (Kol 1,4–5). Echtes geistliches Leben entsteht nur in der Gemeinschaft von Christen (Apg 2,42); wir können es nicht alleine verwirklichen.

Allen, die sich ihrer Unzulänglichkeiten und ihres Scheiterns bewusst sind, bietet Gott die Mitgliedschaft in seiner Hausgemeinschaft an. Niemand muss sich seinen Platz dort erwerben oder erkämpfen oder muss Verdienste vorweisen können. Die Einladung braucht einfach nur angenommen zu werden. Den Menschen, die sich selbst als Fremde und Außenstehende betrachten, hat Gott schon einen Platz am Familientisch reserviert. Gemeindegliedern, die Probleme im Umgang mit sozial am Rande stehenden Menschen haben, die Jesus zu uns führt, bieten die realen Gegebenheiten in der Ortsgemeinde einen guten Anlass, über ihren Stolz und ihre Überheblichkeit nachzudenken.

Wir erkennen bereitwillig bestimmte menschliche Fähigkeiten wie musikalisches Talent oder eine hohe Intelligenz als Gaben an; es fällt uns jedoch viel schwerer, Tatendrang, Motivation oder moralische und geistliche Sensitivität als Gaben zu betrachten. Indem Gott uns an seinen Tisch lädt, erinnert er uns daran, dass wir nicht von selbst dorthin gekommen sind. Wir wurden geboren und wiedergeboren (niemand kann sich selbst zur Welt bringen). Alle unsere Fähigkeiten waren Gaben, bevor sie zu Errungenschaften wurden, und all unser Versagen war zuerst Schwäche oder Verletzungen, von denen wir unfreiwillig betroffen waren.

Eine äußerst wichtige Aufgabe der Gemeinde ist die, Andere aktiv willkommen zu heißen und in vollem Umfang in das Leben in der heiligen Familie einzubeziehen. Als Gottes Familie sind die

Gemeindeglieder verpflichtet, wie ihr älterer Bruder Jesus die Verlorenen zu suchen und zu retten. Diese Menschen werden vielleicht von mangelndem Selbstwertgefühl gequält oder strotzen vor Selbstbewusstsein, aber sie brauchen gleichermaßen Bestätigung und müssen Verantwortlichkeit entwickeln, die sich aus der Beteiligung an der irdischen Familie Gottes und ihren Aufgaben ergibt.

Unsere wertvollste Identität ist die, die uns unabhängig von Fähigkeiten, Leistungen oder Eigenheiten gegeben wurde. Am meisten profitieren wir von den Ressourcen der Familie, nicht von unseren persönlichen Errungenschaften. Wenn wir aus dem Flugzeug steigen, werden wir von Onkel Ellsworth begrüßt und mit nach Hause genommen, weil wir zur Familie gehören. Und wir werden schließlich im Himmel willkommen geheißen werden – nicht weil wir den Glauben gemeistert und christliche Regeln befolgt oder Süchte und seelische Störungen überwunden haben, sondern weil wir Teil der Hausgemeinschaft Gottes sind.

Jede Familie hat spezielle Gewohnheiten, Bräuche und Traditionen, die sich im Laufe ihres Zusammenlebens entwickeln. Bei manchen handelt es sich um reine Vorlieben; andere sind absolut notwendig für das familiäre Wohlergehen. In der Gemeinde haben wir ebenfalls Traditionen. Bei einigen handelt es sich um reine Präferenzen (wie z. B. die Anfangszeit und die Dauer der Gottesdienste und die dort verwendeten Musikstile); andere sind absolut unentbehrlich (wie zum Beispiel die Anerkennung der Bibel als Wort Gottes und der Gehorsam gegenüber Jesus).

Die nächsten vier Kapitel beschäftigen sich mit geistlichen Traditionen, die für die Religiosität der Siebenten-Tags-Adventisten typisch sind. Es gibt sie nicht nur in unserer Kirche, aber sie haben einen herausragenden Platz in unserem Gemeindeleben.

Wir behaupten keineswegs, dass unser Lebensstil der einzig richtige für wahre Christen ist; aber für uns ist er ein hochgeschätztes Erbe und eine authentische Glaubenspraxis, die uns dabei hilft, eine lebendige Beziehung zu Gott aufrechtzuerhalten und unserem Nächsten zu dienen. Er hilft uns, den Auftrag effektiver zu erfüllen, den Jesus uns gegeben hat. Uns ist dieser Lebensstil kostbar, und wir laden andere Menschen ein, ihn auszuprobieren.

Merkverse und tägliche Andacht

Dein Wort ist meines Fußes Leuchte und ein Licht auf meinem Wege. (Ps 119,105)

Meine Gemeinde führte kürzlich einen zusätzlichen Gottesdienst ein, der sich an Familien mit Kindern im Grundschulalter richtet. Als wir besprachen, was alles zu diesem Gottesdienst gehören sollte, wurde in einem der ersten Beiträge der wöchentliche Merkvers genannt. In jedem Gottesdienst sollte gemeinsam ein Bibelvers aufgesagt und bis zum nächsten Mal auswendig gelernt werden.

Damit wird eine der zentralen christlichen Glaubensüberzeugungen praktisch umgesetzt: Gott spricht zu uns durch die Bibel. Deshalb ist die Vertiefung der Bibelkenntnis ein erstklassiges Hilfsmittel, um das geistliche Leben zu fördern.

So weit ich mich zurückerinnern kann, gehörte das Auswendiglernen von Bibeltexten immer zum Kinderprogramm. Bis ich in die Highschool kam, hatte ich Hunderte Bibelverse auswendig gelernt.

In meinem ersten Studienjahr an einem adventistischen College hatten wir eine Woche lang den bekannten Prediger Morris Venden zu Gast. Bei ihm klang es so einfach, Gottes Gnade und die Errettung zu erlangen, dass ich mir sicher war, er sei ein Häretiker. (Ich war in dem Glauben aufgewachsen, dass es fast unmöglich wäre, Gottes Wohlwollen zu gewinnen.) Ich hörte ihm gespannt zu, und je mehr ich hörte, desto mehr überzeugte er mich. Aber so signifikant auch die theologischen Inhalte seiner Predigten waren – den größten Einfluss auf mein Leben und auf das von Tausenden Anderer hat eine spezielle Gewohnheit gewonnen, eine spirituelle Praxis, die er für sehr wichtig hielt.

Morris Venden beschrieb seine quälende Suche nach einer lebendigen Beziehung zu Gott. Als er ein junger Prediger war, rief ihn eine Frau an, die Hilfe brauchte. Sie wollte nur eines von ihm wissen: Kannte er Gott? Könnte er ihr helfen, Gott kennenzulernen? Natürlich wusste Venden als ausgebildeter Prediger sehr viel über Gott. Er war in der Lage, theologische Sachverhalte zu erklären, war sich aber nicht sicher, ob er Gott persönlich kannte. Er begann, ernsthaft über dieses Thema zu forschen. Schließlich kam er zu dem Schluss, dass das geistliche Leben auf drei Grundpfeilern ruht: täglich in der Bibel zu lesen, täglich zu beten und Anderen von den Erfahrungen mit Jesus zu erzählen. Morris Venden empfahl uns, jeden Tag eine Stunde damit zu verbringen, in den Evangelien zu lesen, sich Jesus vorzustellen und sich gedanklich mit dem Inhalt auseinanderzusetzen, um ihn immer besser kennenzulernen.[1]

Natürlich war das für mich als College-Student unmöglich, aber dann traf ich Studiengenossen, die es offenbar versuchten. Sie berichteten, dass es ihr Leben verändert habe. Ich dachte mir: *Wenn sie es können, müsste mir das auch gelingen.* Und es funktionierte! Jahrzehntelanges morgendliches Studieren und Meditieren hat mein geistliches Leben grundlegend verändert und meine Beziehung zu Jesus vertieft.

Wenn ich mit Leuten in meinem Alter spreche (die also in den 1970er-Jahren jung waren), die damals ebenfalls von den Predigten Morris Vendens beeindruckt wurden, ist mir wiederholt bestätigt worden, welche enorme Kraft hinter diesem Ratschlag steckt. Die intensive, tägliche Beschäftigung mit den Aussagen der Bibel ist das beste Mittel zur Pflege unseres geistlichen Lebens, das auf diese Weise reich und erfüllt sein wird.

Welche Bibelübersetzung ist die beste? Gelegentlich treffe ich Menschen, die behaupten, dass eine bestimmte Übersetzung die beste sei. Aber seit langem hat unsere Kirche darauf eine einfache Antwort: Die beste Übersetzung ist die, die du liest und verstehst.

[1] Siehe dazu von Morris Venden die Serie von zehn Heften *Wie wir allein durch Christus gerettet werden,* Advent-Verlag, Hamburg 1980 (vergriffen), und *95 Thesen über die Erlösung aus dem Glauben,* Advent-Verlag, Lüneburg 2009 (speziell Thesen 47 bis 52).

Gottes Gegenwart in den Worten der Schrift ist so real und klar, dass sie in jeder Übersetzung sichtbar wird, in die ein Mensch Zeit investiert, weil er den Wunsch hat, Gott besser kennenzulernen.

Wie kann man sich sicher sein, die „echte Wahrheit" zu finden, wenn es so viele verschiedene Übersetzungen gibt? Zwei Punkte dazu: 1. Das wirklich Wichtige ist stets durch mehrere Bibelstellen belegt. Wir sind also nicht auf die genaue Formulierung eines einzigen Verses alleine angewiesen. Die Wahrheit Gottes finden wir, indem wir die Bibel im Zusammenhang lesen und uns auf Jesus konzentrieren, nicht indem man unklare, komplizierte Abschnitte zusammensucht. 2. Wenn man die Übersetzungen insgesamt vergleicht, stellt man fest, dass sie sich eigentlich nur in der Ausdrucksweise unterscheiden (altertümlich oder modern, wörtlich oder umschreibend). Nicht nur Gottes Wirken wird in jeder Bibelübersetzung deutlich, sondern auch seine Wahrheit.

Keine Übersetzung ist perfekt, weil sie alle von individuell geprägten und mit Fehlern behafteten Menschen verfasst sind. Adventisten sind der Ansicht, dass nicht einmal die hebräischen und griechischen Originaltexte „irrtumsfrei und unfehlbar" im üblichen evangelikalen Sinne sind. Das wirft jedoch keine echten Probleme auf, weil das Ziel der Bibel nicht ist, fehlerfreie Informationen weiterzugeben, sondern Menschen zu einer lebendigen Beziehung mit Gott zu führen.

Mein Freund Ernie Ford sagt gerne: „Die Bibel ist kein Buch, sie ist ein Ort." Wenn wir sie lesen, begeben wir uns in die Gegenwart Gottes. Das ist genau die richtige Stelle, um seine Stimme zu hören. Das letztendliche Ziel jedes Bibellesens, Meditierens über das Wort Gottes und Auswendiglernens von Texten ist nicht die Kenntnis von biblischen Versen und Geschichten, sondern der Aufbau und die Pflege der Verbindung mit Jesus und der Dienst an unseren Mitmenschen.

Also geben wir weiter in den Bibelklassen aller Altersgruppen Merkverse auf (das ist auch für Erwachsene eine empfehlenswerte Praxis). Und wir halten uns weiterhin gegenseitig dazu an, unsere Aufmerksamkeit jeden Tag auf die Worte der Bibel und auf Jesus zu richten.

Den Sabbat halten

Nun kamen sie in die Stadt Kapernaum. Am nächsten Sabbat besuchte Jesus die Synagoge und sprach dort zu den Menschen … Nachdem Jesus die Synagoge verlassen hatte, ging er mit Jakobus und Johannes in Simons Haus. (Mk 1,21.29 Hfa)

Wir wollten als Familie am Donnerstagmorgen von Los Angeles aus zu einem langen Wochenende in den Zion-Nationalpark aufbrechen. Aber als ich am späten Mittwochnachmittag die Werkstatt anrief, erfuhr ich, dass unser Minibus immer noch nicht einsatzfähig war. Bis zum Freitagmorgen hatte sich daran leider nichts geändert. Also verstauten meine Frau und ich am Mittag Kinder und Campingausrüstung in unserem Pkw und erreichten nach einigen Pausen zum Tanken und Essen den Nationalpark. Auf dem Campingplatz war es schon dunkel und still. Ich suchte nach dem Schwarzen Brett und fand dort die versprochene Nachricht, für welchen Stellplatz wir registriert waren; die Griswolds seien nebenan. Ich schaltete die Scheinwerfer aus und im bernsteingelben Licht der Parkplatzbeleuchtung fanden wir unseren Platz, stellten unser Zelt auf und schliefen schnell ein.

Am Sabbatmorgen nach dem Frühstück lernten wir die anderen kennen: die Bryants und ihre Kinder im College-Alter, die Griswolds mit ihrem Nachwuchs und Bill Jackson mit seinen beiden Söhnen. Nach dem Frühstück setzten wir uns in die Autos und fuhren hinunter zum Fluss, wo wir einen geeigneten Platz für unseren Gottesdienst fanden. Wir sangen und sprachen über unseren Schöpfer und Erlöser und beobachteten dabei das Spiel des Sonnenlichts auf den hohen Felsformationen um uns herum. Nach einem vegetarischen Mittagessen stiegen wir zu einem atemberaubenden Felsgipfel namens Angel's Landing (Landeplatz der Engel) auf, von dem aus wir eine atemberaubende Sicht hatten. Dort oben trafen wir eine Gruppe von College-Studenten. Unter ihnen war auch ein Schauspielschüler, der für uns vor der Felsenkulisse bei tiefblauem Himmel mit Leidenschaft und viel Gefühl für die Schönheit der Sprache ein Gedicht rezitierte.

Am späten Nachmittag zerstreute sich die Gruppe in der Landschaft aus kreuz und quer liegendem Sandstein. Die kleineren Kinder sprangen hin und her wie die Eichhörnchen, die Teenager, die Studenten, die Frauen und die Männer bildeten kleine Gruppen und unterhielten sich angeregt. In dieser Umgebung kamen unter uns Männern natürlich theologisch-geologische Fragen auf. So verging der Nachmittag mit Diskussionen. Wir schwelgten geradezu in dieser wunderbaren Gemeinschaft und den geistlichen Gesprächen, weil unsere Gewohnheit, als Kirche den Sabbat zu halten, genügend Raum dafür bot.

Es handelte sich dabei keineswegs um eine Versammlung von Leuten mit derselben Bildung oder denselben Interessen. Meine Gruppe bestand aus einem Theologen, einem Geologen, einem Ingenieur und einem Insektenkundler. Wir waren auch nicht einhellig einer Meinung über das Wie und Wann der Schöpfung, teilten aber eine tiefe Bewunderung für die Komplexität und die Schönheit der Natur und wussten, wie mangelhaft unsere Erkenntnis ist.

Der Sabbat war wie ein wortloses „Sakrament", das eine gemeinsame Basis zum freien Meinungsaustausch schuf. Unsere Ansichten waren uns nicht vorgeschrieben, sondern wir konnten Staunen, Ehrfurcht, Demut und Stille miteinander teilen. Durch den Sabbat waren wir Männer untereinander und mit der Gruppe der Frauen, Kinder und College-Studenten verbunden.

Für Leute, die sich für theologische Fragen interessieren, bietet der Sabbat eine wunderbare Gelegenheit, eine tiefe Gemeinschaft des Glaubens zu erleben. Bei Spaziergängen, Mahlzeiten mit Glaubensgeschwistern und gemeinschaftlichen Andachten haben gebildete und ungebildete Menschen die konkrete Möglichkeit, ihren Glauben zu reflektieren. Durch unsere Sabbatgewohnheiten – Essensrituale am Freitagabend, Besuch des Gottesdienstes, Spaziergänge oder Campingwochenenden, die uns die Gegenwart und

Gnade Gottes bewusstwerden lassen – können wir Gott auf „körperliche“ Art und Weise ehren und uns unsere eigene Unvollkommenheit, Schwachheit und Sündhaftigkeit eingestehen. Indem wir den Sabbat halten, beten wir Gott an.

Den Sabbat zu halten ist die augenfälligste der typisch adventistischen Gewohnheiten, zu denen auch das Achten auf eine gesunde Lebensweise gehört. Bei der Auswahl von Filmen auf DVDs, im Kino und Fernsehen achten wir darauf, dass sie weitgehend sex- und gewaltfrei sind. Wir betrachten zehn Prozent unseres Einkommens als Eigentum Gottes und geben ihn an unsere Kirche zur Verkündigung des Evangeliums. Diese und andere Traditionen (mehr dazu in den folgenden Kapiteln) bilden – unseren Fragen und Zweifeln zum Trotz – ein Muster für unser Glaubensleben. Sie stellen eine ganzheitliche Form des religiösen Lebens dar, die wir an unsere Kinder weitergeben können, ohne alle ihre Fragen über unsere offiziellen Glaubensüberzeugungen, die adventistischen Institutionen oder das Christentum allgemein beantworten zu müssen.

Wir erheben nicht den Anspruch, dass alles, was wir tun, eindeutig durch die Bibel vorgeschrieben ist oder dass unsere Glaubensinhalte und Normen fehlerlos und unveränderbar sind. Vielmehr betonen wir, dass unsere Gemeinschaft auf dem Boden der Bibel gewachsen ist. Wir anerkennen das Wirken Gottes im Judentum und in den christlichen Kirchen und Gemeinschaften, deren Mitglieder die Bibel durch Jahrhunderte hindurch studiert haben. Sie waren die Vordenker und Vorreiter bei der Entstehung unserer eigenen charakteristischen Glaubensüberzeugungen und -praktiken,[2] die sich im Laufe eines über 150-jährigen Bibelstudiums und der gemeinsamen Suche nach der „Wahrheit“ entwickelt haben.

---

[2] Ausführlicher dazu siehe Udo Worschech, *Die Gottesverehrung von Abram bis zu den Adventisten,* Reihe „näher betrachtet“, Bd. 2, Advent-Verlag, Lüneburg 2012, Kap. 13–15.

Gesundheitsbewusst leben

Gott sprach: „Seht her! Ich habe euch die Samen tragenden Pflanzen auf der ganzen Erde und die Samen tragenden Früchte der Bäume als Nahrung gegeben.“ (1 Mo 1,29 NLB)

Viele Adventisten in Nordamerika und anderswo sind Vegetarier. Nicht dass die Mehrheit der Adventisten kein Fleisch äße, aber der vegetarische Lebensstil ist unser Ideal, das wir hochhalten, indem wir bei Mahlzeiten, die bei Veranstaltungen unserer Ortsgemeinde angeboten werden, kein Fleisch servieren.

Die vegetarische Ernährung als typisch adventistische Lebensgewohnheit hängt neben dem oben zitierten eindeutigen Auftrag an die ersten Menschen mit mehreren anderen Wertvorstellungen zusammen. Zuallererst ist sie in der Vorstellung von Frieden und Harmonie verwurzelt, die Gottes Plan für unsere Zukunft vorsieht, so wie es der Prophet Jesaja beschrieb:

> Der Wolf und das Lamm werden zusammen weiden. Der Löwe wird Stroh fressen wie das Rind … Auf meinem ganzen heiligen Berg wird nichts Böses und nichts Unheilvolles mehr getan. (Jes 65,25 NLB)

Wenn unsere ewige Zukunft so aussieht, ist es nur sinnvoll, bereits jetzt damit zu beginnen, ein friedvolles Leben zu führen und keine Tiere zu quälen und zu töten. (Man schaue sich einmal Berichte über Aufzuchtmethoden und Schlachthäuser an.) Mit einer vegetarischen Ernährung gehen wir zudem ökologisch sinnvoll mit der Welt um und leisten einen Beitrag zur gerechteren Verteilung der Lebensmittel und zur Vermeidung von Umweltschäden. Die Erzeugung von einem Kilogramm Fleisch erfordert etwa 10 bis 15 Kilogramm Getreide oder Soja als Futter und verbraucht Tausende Liter Wasser. Die ausgebrachte Gülle führt zur Bodenverseuchung, das von Rindern ausgeschiedene Methangas schürt den Treibhauseffekt, die bei der Aufzucht verfütterten Antibiotika führen zu deren späteren Unwirksamkeit bei Menschen. Tierseuchen, an denen Menschen sterben, grassieren immer wieder. Wir schaden als Vegetarier unserer Umwelt viel weniger, lassen mehr Nahrungsmittel für andere Bewohner der Welt übrig und leisten keinen Vorschub zur großflächigen Futtermittelproduktion mit ihren Folgen. (In Südamerika wird der armen Landbevölkerung durch großflächigen Sojaanbau für die europäische Tieraufzucht die Existenzgrundlage geraubt; von den eingesetzten Pestiziden bekommen Kinder Krebs.)

Unsere vegetarische Lebensweise gründet auch auf der Überzeugung, dass es eine moralische Frage ist, wie wir mit dem eigenen Körper umgehen. Wir betrachten ihn als ein Meisterwerk göttlicher Kunst und als Tempel, in dem der Heilige Geist wohnt (1 Kor 6,19). Deshalb sehen wir uns moralisch verpflichtet, unsere Gesundheit zu bewahren. Vollwertiges Essen, regelmäßige Bewegung, genügend Schlaf und andere Gesundheitsgewohnheiten sind für uns wesentliche Elemente eines Lebens als Christ. Die Beachtung dieser Prinzipien hat dazu geführt, dass Adventisten, die sich an sie halten, statistisch gesehen sechs bis neun Jahre länger leben als die Allgemeinbevölkerung und weniger krank sind. Dabei ist der Unterschied zwischen denen, die sich mit Fleisch ernähren, den Vegetariern und den Veganern sehr deutlich. Ein großer Teil von Krebs-, Herzkreislauf- und anderen Erkrankungen können durch den Verzicht auf Fleisch und tierisches Fett vermieden werden.

Die Verkündigung der Gesundheitsgrundsätze und der Einsatz für die Enthaltsamkeit von Alkohol und Tabak (und die Entwöhnung davon) gehört seit jeher zum adventistischen Gemeindeleben.

Die meisten Adventisten sind Abstinenzler – nicht, weil wir uns auf eine bestimmte Bibelstelle über die Übel des Alkohols stützen, sondern weil wir nach dem Prinzip der Nächstenliebe handeln. Auch in unserer Kirche gibt es viele Mitglieder sozialer und ethnischer Gruppen, die vom Alkoholismus extrem geschädigt sind. Angesichts seiner schrecklichen Auswirkungen im familiären und sozialen Bereich ist jede Anstrengung gerechtfertigt, um Menschen mit einer genetischen oder sozialen Disposition für exzessives Trinken zu helfen. Die vermeintlichen Vorteile, die mäßiger Rotweingenuss zur Verminderung von Herzkrankheiten hat (roter Traubensaft hat im Übrigen denselben Effekt!), sind es nicht wert, dass wir die Verpflichtung gegenüber unseren Mitmenschen vernachlässigen. Die Rettung von Ehen und Arbeitsplätzen wiegt die Vergnügungen des gesellschaftlichen Trinkens und die kulturellen Ansprüche unseres Alkohol konsumierenden Umfeldes bei weitem auf.

Ähnlich sorgfältig und enthaltsam verhalten wir Adventisten uns auch bezüglich der Produkte der Unterhaltungsindustrie. So wie wir darauf achten, was wir essen und trinken, achten wir auch darauf, was wir ansehen, was wir lesen und womit wir spielen. Wir lehren unsere Mitglieder, darauf zu achten, dass alles, womit sie sich geistig beschäftigen – speziell in ihrer Freizeit – dazu dient, ihre geistliche Haltung und die Entwicklung eines christlichen Charakters zu fördern (siehe Phil 4,8).

Wir wissen, dass unser ewiges Schicksal nicht von dem bestimmt wird, was wir essen, wie wir den Ruhetag beachten, wie wir unserer Verantwortung für ökologische Haushalterschaft gerecht werden oder ob wir uns von Alkohol, Tabak und Drogen enthalten; aber als Ehepartner und Eltern, Freunde und Nachbarn sind wir verpflichtet, uns hier und jetzt für das persönliche und gesellschaftliche Wohl der Allgemeinheit einzusetzen – auch zur Vorbereitung der Menschen auf das ewige Leben. Als Nachfolger Christi wollen wir einander und unseren Mitmenschen dabei helfen, die Gesundheit in jedem Lebensbereich zu fördern – im körperlichen, geistigen, sozialen und spirituellen Bereich. Wenn wir einen gesunden Lebensstil praktizieren, werden wir freier und effektiver für den praktischen Dienst an den Mitmenschen im Sinne von Jesus.

Er sagte, er sei gekommen, damit Menschen „das Leben in ganzer Fülle“ haben können (Joh 10,10b NLB). Er kam, um Menschen von Belastungen frei zu machen und sie zu heilen (Lk 4,18). Wenn wir gesundheitlichen und sozialen Themen Beachtung schenken, folgen wir dem Beispiel und den Lehren unseres Erlösers.

Tischgebete sprechen

Alle blicken voll Hoffnung auf dich und jedem gibst du Nahrung zur rechten Zeit. Du öffnest deine wohltätige Hand, und alles, was lebt, wird satt. (Ps 145,15–16 GNB)

Am letzten Tag einer geologischen Exkursion bahnten Bill und ich uns den Weg in ein überfülltes Restaurant in der Nähe des Yellowstone-Nationalparks. Wir bestellten unsere Sandwiches – er einen traditionellen Hamburger und ich ein Mehrkornbrot mit Avocado, Gurke und Sprossen drauf. Als unser Essen gebracht wurde, nahm Bill seinen Hamburger und begann, ihn zu verschlingen. Ich hielt mich zurück, um still mein Dankgebet zu sprechen, und aß dann mit Genuss mein Sandwich. Als unser Hunger gestillt war, sagte ich lachend zu dem Professor: „Bill, den menschlichen Teil beim Essen dieses Hamburgers hast du weggelassen."

Bill verstand mich zuerst nicht; er dachte, ich würde ihn wegen seines Fleischkonsums aufziehen, aber das war nicht gemeint.

„Du hast den Hamburger so gegessen, wie mein Hund es tun würde", erklärte ich. „Du hast vergessen, danke zu sagen." Bill nahm meinen Verweis widerwillig hin.

Durch das Tischgebet (bzw. die Danksagung) erhalten die Mahlzeiten eine spirituelle Komponente. Mit dem Innehalten zum Beten übertragen wir etwas von der Heiligkeit des Abendmahls in einen ganz gewöhnlichen Vorgang. Ellen White schrieb dazu in ihrem Buch *Das Leben Jesu* einige bemerkenswerte Einsichten:

> Selbst unser irdisches Leben verdanken wir dem Tod Christi. Das Brot, das wir essen, ist der Erlös seines gebrochenen Leibes, und das Wasser, das wir trinken, ist erkauft mit seinem Blut.

> Niemand – sei er gerecht oder sündhaft – genießt seine tägliche Nahrung, ohne dass sie durch den Leib und das Blut Christi gesegnet ist. Das Kreuz von Golgatha ist auf jeden Laib Brot geprägt."[3]

Das Tischgebet ist vielleicht die am weitesten verbreitete christliche Gewohnheit. Fast jede spirituelle Tradition lehrt, die tägliche Nahrung als Geschenk Gottes anzusehen und sich dies immer wieder bewusstzumachen, indem man vor einer Mahlzeit ein Dankgebet spricht.

In unserer heutigen Welt des Fastfoods verliert man leicht die Ehrfurcht vor der Nahrung. Sie wird uns aus dem Drive-in-Schalter gereicht, während wir mit dem Smartphone telefonieren. Dann essen wir sie beim Fahren. In Hast und Hektik wird das Essen zu einem rein körperlichen Vorgang.

Wenn wir vor dem Essen regelmäßig innehalten und unsere Herzen in Dankbarkeit Gott zuwenden, erheben wir den rein biologischen Akt des Essens zu einem Anlass, unser geistliches Leben zu kultivieren. Deshalb sprechen Adventisten Tischgebete – zu Hause, in den Gemeindehäusern vor dem Potluck oder still in der Öffentlichkeit.

---

[3] *Das Leben Jesu,* Saatkorn-Verlag, Hamburg 1973–89, bzw. *Der Eine – Jesus Christus,* Advent-Verlag, Lüneburg, 1995–2002, S. 658f.

Der Zehnte – gewohnheitsmäßiges Geben

„Bringt den zehnten Teil eurer Erträge unverkürzt zu meinem Tempel, damit meine Priester nicht Hunger leiden. Habt keine Sorge, dass ihr dann selber in Not kommt! Stellt mich auf die Probe", sagt der HERR, der Herrscher der Welt, „macht den Versuch, ob ich dann nicht die Fenster des Himmels öffne und euch mit Segen überschütte!" (Mal 3,10 GNB)

Mein Vater Barney McLarty ist ein außergewöhnlicher Geber. Einmal spendete er sogar mehr, als er in jenem Jahr verdient hatte. Aber zusätzlich zu seinen besonderen Gaben und Spenden gab er regelmäßig den zehnten Teil seines Einkommens an die Kirche.

Eines Tages in den frühen 1970er-Jahren stellte er für die Kirche der Siebenten-Tags-Adventisten einen Scheck über 25 000 Dollar aus. Er steckte ihn in einen Umschlag und adressierte ihn an die Kirchenverwaltung der Siebenten-Tags-Adventisten in Guatemala. Für meinen Vater war das nichts Besonderes. Jedes Jahr etwa Mitte April teilte ihm sein Steuerberater mit, wie viel er im vergangenen Jahr in seiner Arztpraxis verdient hatte. Daraufhin stellte er einen Scheck über 10 Prozent dieser Summe aus. Manchmal schickte er ihn an die Adventgemeinde vor Ort, manchmal auch an eine andere Verwaltungseinheit unserer Kirche.

„Der Zehnte" ist eine alte Bezeichnung und bedeutet zehn Prozent. Und Zehntengeben (10 % des Einkommens Gott vorbehalten) ist eine für Adventisten typische Form der Religiosität, die sie mit allerlei anderen Christen teilen. Es handelt sich beim Zehntengeben um eine geistliche Disziplin, die uns daran erinnert, dass alles, was uns durch unsere Arbeit oder anderweitig zugutekommt, eine Gabe Gottes ist. Vergegenwärtigen wir uns die Worte von Mose:

> Erinnert euch vielmehr daran, dass es der Herr, euer Gott, ist, der euch die Kraft gibt, Reichtum zu erwerben. (5 Mo 8,18 NLB)

Das Zehntengeben wirkt sich nicht nur positiv auf unser geistliches Leben aus, indem wir spezielle Erfahrungen mit dem Segen Gottes machen (siehe Mal 3,10, oben zitiert), sondern hat auch eine wichtige Funktion für den Zusammenhalt in unserer Kirche.

Gelder, die den Ortsgemeinden als Zehnten gegeben werden, kommen in den Vereinigungen in einen gemeinsamen Topf und werden dazu benutzt, die Pastoren zu bezahlen und die Verwaltungsausgaben der Kirche zu bestreiten. Das Gehalt der adventistischen Pastoren unterscheidet sich wenig. Selbst ein Verbandsvorsteher bekommt in Deutschland nur etwa 12 Prozent mehr Gehalt als ein normaler Bezirkspastor. Dieses Zusammenführen der Zehntengelder und die geringfügig unterschiedlichen Gehälter fördern ein starkes Gemeinschaftsgefühl. Wir alle sind Mitglieder einer Familie. Natürlich streiten Familien auch über die Verwendung von Geld - und bei den Adventisten wird gern über die rechte Verwendung der Zehntengelder diskutiert.

Die Bibel gibt eine Reihe von Anweisungen bezüglich der Verwendung der Zehnten (Mehrzahl, denn die Israeliten sollten zwei Zehnten geben, die verschieden verwendet wurden). Alle Zehnten verfolgten das Ziel, nutzbringend für das Gemeinwesen zu sein: der erste Zehnte für den Lebensunterhalt der Priester und Leviten und der zweite Zehnte für die Aufwendungen bei den Festen am Tempel in Jerusalem und die Versorgung von Armen und Witwen (siehe 4 Mo 18,21.24.26; 5 Mo 14,22–29; Mal 3,8–10).

Es ist einfach, über Gemeinschaft zu reden, aber wie wir unsere Zeit verbringen und wofür wir unser Geld ausgeben, ist der wirkliche Test dafür, wie ernst wir unsere Verpflichtung gegenüber der Gemeinde nehmen. Wenn wir reife Mitglieder dieser Familie sind, werden wir auch unseren finanziellen Beitrag für sie leisten. Die adventistische Praxis des Zehntengebens bietet den Mitgliedern eine feste Struktur und ermöglicht es ihnen, an dem weltweiten Missionsauftrag ihrer Kirche mitzuwirken. Es ist eine Gewohnheit, die uns als Familie Gottes zusammenhält.

Manche Adventisten sind der Meinung, dass man es mit dem Zehnten nicht so genau nehmen müsse; sie behaupten, zehn Prozent vom Einkommen zurückzugeben sei Ausdruck einer gesetzlichen Haltung, die nicht zur „Freiheit in Christus" passe. Mich überzeugt das nicht. Wenn wir die entsprechenden Gebote im Alten Testament und ihre Umsetzung im Volk Israel mit dem vergleichen, was Jesus über den Umgang mit Geld gesagt hat, sehen wir, dass er noch weit härtere Forderungen stellt:

> Häuft in dieser Welt keine Reichtümer an! Ihr wisst, wie schnell Motten und Rost sie zerfressen oder Diebe sie stehlen! Sammelt euch vielmehr Schätze im Himmel … Wo nämlich eure Schätze sind, da wird auch euer Herz sein. (Mt 6,19–21 Hfa)

Nähme man diese Aussage wörtlich, so wären Sparkonten, Geldanlagen, Aktien und selbst das Horten von Geld unter der Matratze verboten. Ebenso wäre der Besitz von mehr Bargeld, als es der augenblickliche Bedarf erfordert, nicht erlaubt.

Diese vehemente Aufforderung unterstrich Jesus mit seinem Appell an den Rat suchenden reichen Jüngling:

> Wenn du vollkommen sein willst, dann verkauf, was du hast, und gib das Geld den Armen. Damit wirst du im Himmel einen Reichtum gewinnen, der niemals verloren geht. Und dann komm, und folge mir nach. (Mt 19,21 Hfa)

Im Lichte dieser Anweisung betrachtet erscheint die Zehn-Prozent-Regel des Alten Testamentes milde, sogar sehr moderat zu sein. Natürlich verlangte Jesus nicht von jedem Gläubigen, alles wegzugeben. In seinem Gespräch mit dem wohlhabenden Nikodemus, dem gleichfalls die Bekehrung mangelte, wurde Geld nicht einmal erwähnt. Aber der rechte Umgang mit Geld und Besitz war für Jesus ein wichtiges Thema; kein anderes nimmt in den Evangelien so viel Raum ein.

Jesus ruft uns als Mitglieder der Hausgemeinschaft Gottes dazu auf, verantwortlich zu leben, speziell auch im finanziellen Bereich.

Das bezieht sich zwangsläufig auch auf die Beteiligung an den finanziellen Aufwendungen unserer geistlichen Familie – der Gemeinde.

Die Zehn-Prozent-Forderung des Alten Testamentes ist ein Mindeststandard; darüber hinaus sollen wir freiwillige Gaben geben, wie Gott uns gesegnet hat (siehe 5 Mo 16,16–17; 2 Kor 9,6–9). Das Geben des Zehnten und der Gaben ist eine geistliche Disziplin, in der viel Kraft liegt, weil sie uns ins Bewusstsein ruft, dass wir unser Geld zur Ehre Gottes, zur Förderung seines Werkes und zur Linderung der Not unserer Mitgeschwister und anderer Menschen benutzen sollen.

Indem wir die zehn Prozent unseres Einkommens Gott weihen, investieren wir in die Sache Gottes. Wir können auf diese Weise dazu beitragen, den Missionsauftrag von Jesus für diese Welt zu erfüllen (Mt 28,19). Unseren Beitrag macht Gott zu einem wichtigen Teil der unermesslichen Ressourcen des Himmels. Und er achtet darauf, dass unser Geld etwas bewirkt.

Im Jahr 1996 besuchte ich das jährliche Campmeeting der Oklahoma-Vereinigung. Ein freundlicher, grauhaariger Herr stellte sich mir als Mr. Sample vor. Er habe eine für mich interessante Geschichte zu erzählen.

In den 1970er-Jahren war er Schatzmeister unserer Kirche in Guatemala gewesen, als die Landeswährung eine plötzliche Abwertung erfuhr. Unsere Kirche dort war damals ziemlich klein und sehr arm; der größte Teil ihres Budgets wurde aus Fördermitteln der Generalkonferenz gedeckt. Diese Gelder waren einige Zeit vor der Abwertung auf einer Bank in Guatemala deponiert worden. Schlagartig besaß also die Kirche dort am Tag nach der Abwertung nur noch halb so viel Geld wie zuvor.

Die Leiter der Mission (wie bei uns finanziell abhängige Verwaltungseinheiten genannt werden) trafen sich umgehend zu einer Sitzung, um das weitere Vorgehen zu besprechen. Es war offensichtlich, dass die Ausgaben, die zum größten Teil aus Personalaufwendungen bestanden, drastisch gekürzt werden mussten. Pastoren müssten entlassen werden, und angesichts der miserablen wirtschaftlichen Situation würde jeder, der seine Arbeit verlor, in große finanzielle Schwierigkeiten geraten. Sie beteten; sie zermarterten sich ihren Kopf: Welche Stellen sollten sie kürzen, welche Kriterien berücksichtigen?

Am späten Vormittag wurde Mr. Sample von seiner Sekretärin aus dem Sitzungszimmer gerufen. Gerade war ein Brief für ihn angekommen. Er war von Barney McLarty aus Memphis in Tennessee und enthielt einen Scheck über 25 000 Dollar. Da er nach der Geldabwertung angekommen war, war er in der Landeswährung nun doppelt so viel wert wie zwei Tage zuvor.

Das Dringlichkeitstreffen des Schatzmeisters verwandelte sich in eine andächtige Gebetsversammlung. Dr. McLartys Scheck reichte gerade aus, um das durch die Geldabwertung entstandene Loch bis zum Eintreffen der nächsten Zuschüsse der Generalkonferenz zu stopfen. Niemand musste entlassen werden.

Als mein Vater diesen Scheck ausstellte, war ihm nicht bewusst, dass er gerade etwas Besonderes tat. Er hatte zwar Freunde in Guatemala, wusste aber nichts von der drohenden Geldentwertung. Er war einfach nur seiner Gewohnheit gefolgt, zehn Prozent seines Einkommens der Kirche zu geben, und ließ sich vom Heiligen Geist leiten, wohin er seinen Scheck dieses Mal senden sollte.

Viele Erfahrungen berichten davon, wie Gott Menschen dazu bewogen hat, außergewöhnliche Spenden zur rechten Zeit unterschiedlichen Dienststellen zukommen zu lassen. Diese Berichte belegen, dass Gott mit seinem Volk kommuniziert. Es ist aber wichtig, auch das zu würdigen, was Gott durch unsere routinemäßige geistliche Praxis des Gebens bewirkt. Gewohnheitsmäßiges Geben ist bei Gott nicht weniger wert als eine besondere Spende aufgrund eines außergewöhnlichen Wirkens des Heiligen Geistes.

Indem wir regelmäßig den Zehnten geben, stellen wir Gott unser Geld zur Verfügung, um damit ganz Besonderes in seinem Werk zu bewirken. Das dient dem Aufbau der Gemeinde und ermutigt uns, unsere Gaben freudig zu geben.

Die geistliche Pubertät überwinden

Dadurch werden wir im Glauben immer mehr eins werden und den Sohn Gottes immer besser kennenlernen. Wir sollen zu mündigen Christen heranreifen, zu einer Gemeinde, in der Christus mit der ganzen Fülle seiner Gaben wirkt. (Eph 4,13 Hfa)

In einer normalen Familie weiß die Mutter einfach alles und sorgt unermüdlich für die Kinder. Sie ist liebevoll und warmherzig, vertrauenswürdig und zuverlässig und weiß einen Ausweg für jedes unserer dringenden Probleme. Sie ist der wunderbarste Mensch der Welt. Dann kommen wir in die Pubertät, und dieselbe allwissende Frau versteht plötzlich überhaupt nichts mehr, benimmt sich peinlich und sieht unmöglich aus.

Als Teenager fordern wir unbarmherzig, dass unsere Eltern und alle anderen Autoritätspersonen sich stets stimmig und makellos verhalten. (Natürlich – wir sind ziemlich locker, aber …) Wir verachten, wie unsere Eltern sich mit dem arrangiert haben, was sie Realität nennen. Insgeheim oder auch ganz unverhohlen sind wir davon überzeugt, dass wir den Durchblick haben, halten uns für wirklich klug und kompetent – ganz im Gegensatz zur Mama.

Glücklicherweise wird Mutters Ansehen bei den meisten von uns ein Jahrzehnt später wiederhergestellt. Verdrießlich stellen wir dann fest, dass wir uns eher die Schwächen als die Stärken unserer Eltern angeeignet haben. Obwohl wir als Erwachsene ihre faktischen Unzulänglichkeiten vielleicht objektiv viel klarer wahrnehmen, schätzen wir unsere Eltern gewöhnlich mehr als zuvor.

Wenn Menschen auch als Erwachsene auf das Versagen der eigenen Eltern fixiert bleiben, werden aus ihnen tragische oder unangenehme Leute: schwierige Ehepartner, launische Freunde, unangenehme Arbeitnehmer. Menschen, denen es nicht gelingt, über ihre jugendliche Rebellion gegen die eigenen Eltern hinwegzukommen, reifen niemals wirklich heran und geben diese seelische Störung häufig an ihre Kinder weiter.

So ungefähr verhält es sich auch im geistlichen Leben. Ob wir die Adventgemeinde schon als Kinder oder erst als Erwachsene kennenlernen – in unseren Augen scheint sie zunächst meistens vollkommen zu sein. Sie ist Gottes Gemeinde; alle ihre Lehren sind wahr, und alle wichtigen Wahrheiten sind in ihren Lehren enthalten. Ihre Mission ist Gottes Mission; es scheint kaum vorstellbar, dass Gott auch außerhalb unserer Kirche wirkt.

Doch mit der Zeit entdecken wir theologische Schwachstellen und Lücken. Vielleicht haben wir durch eine falsche Gottesvorstellung, einen schlechten Pastor oder einen inkompetenten Jugendgruppenleiter Schaden erlitten. Wir finden heraus, dass Ellen White andere Autoren gelesen und zitiert hat. Wir lesen kritische Literatur und erfahren, dass traditionelle Lehrmeinungen unserer Kirche infrage gestellt werden. Der Pastor unserer Ortsgemeinde wird vielleicht wegen moralischer Verfehlungen entlassen. Oder wir durchlaufen eine persönliche Krise, bleiben deshalb dem Gottesdienst fern, aber niemand kümmert sich um uns und fragt nach, weshalb. Die „liebevolle Gemeinde" existiert plötzlich nicht mehr.

Nun beginnt die geistliche Pubertät. Wir sind nur noch mit dem Versagen und der Heuchelei in der Adventgemeinde beschäftigt. Es kann doch nicht möglich sein, dass eine Organisation, die vorgibt, Jesus zu repräsentieren, in ihrem Verhalten die Lehren ihres Herrn so eklatant missachtet! Wir verstehen nicht, wie jemand, der auch nur einen Rest Verstand besitzt, tatsächlich behaupten kann, dass er froh ist, zu dieser Kirche zu gehören.

Diese Ernüchterung ist ein normaler, wenn auch schmerzhafter Teil des geistlichen Erwachsenwerdens; ich weiß nicht, wie sie sich vermeiden ließe. Wenn uns die Gemeinde am Anfang nicht rundum zufriedenstellen würde, würden wir nie genug Vertrauen fassen, um von ganzem Herzen ihr Mitglied zu werden. Wenn wir uns nie aufrichtig den Versäumnissen und Unzulänglichkeiten der Gemeinde stellen, werden wir unseren Kindern und Freunden nicht beistehen können, wenn sie selbst ihre spirituelle Pubertät durchlaufen.

Ein gewisses Maß an Desillusionierung und persönlichem Abstand ist für die eigene geistliche Entwicklung völlig normal. Aber sofern wir gesunde Christen sind, werden wir über die geistliche Pubertät hinaus zum geistlichen Erwachsenenalter heranreifen.

Als reife Gläubige kommen wir über die Missklänge und Ungereimtheiten in der Adventgemeinde hinweg.[4] Wir lernen, ihre Stärken und Tugenden wertzuschätzen. Anstatt die Gemeinde wegen ihrer Versäumnisse zu verachten, schätzen wir ihre hohen Ideale. Wir gestehen uns ein, dass es sich mit der Gemeinde ebenso verhält wie mit unseren Eltern: Wir ahmen eher ihre Fehler als ihre Stärken nach.

Wenn wir unsere spirituelle Jugendzeit hinter uns haben, können wir nicht mehr naiv denken, die Gemeinde sei vollkommen weise und gut. Wir sind keine Kleinkinder mehr, die ihre spirituelle Mutter kritiklos mit Gott gleichsetzen, sondern als Erwachsene haben wir die kindliche Vorstellung abgelegt, dass nur vollkommene Menschen Gutes tun und nur perfekte Organisationen Respekt

[4] Ich habe in diesem Kapitel Familien vor Augen, die die normale Bandbreite von in den meisten Familien vorhandenen Funktionsstörungen aufweisen, und Gemeinden mit den allgemein üblichen Problemen. Seit der Veröffentlichung der ersten englischsprachigen Ausgabe dieses Buches habe ich Briefe von Menschen erhalten, die in ihrer Familie oder sogar in der Gemeinde schwerwiegende Verletzungen erfahren haben, speziell im sexuellen Bereich. Es ist keineswegs meine Absicht, ihren Schmerz oder die Verantwortung derer, die diese ungeheuerliche Sünde begangen oder ignoriert haben, zu bagatellisieren. Mir ist bewusst, dass solcherart Verletzungen und ihre Folgen keineswegs mit dem bloßen Älterwerden überwunden werden, sondern dass in solchen Fällen eine Aufarbeitung mithilfe eines erfahrenen Therapeuten notwendig ist. Ich fordere Personen, die emotionalen, körperlichen oder sexuellen Missbrauch in ihrer Familie, Ehe oder in einer Adventgemeinde erlitten haben, nachdrücklich auf, sich an einen Therapeuten zu wenden, sofern sie das noch nicht getan haben. Im Falle eines sexuellen Missbrauchs in einer Adventgemeinde wende man sich in Deutschland an Dr. Johann Gerhardt, den Vorsitzenden des Fachbeirates „Sexueller Gewalt begegnen“ (An der Ihle 19, 39291 Friedensau; E-Mail: johann.gerhardt@thh-friedensau.de). Vertraulichkeit ist zugesichert.

und Loyalität verdienen. Wir können uns wieder an der Gemeinde freuen. Wir haben weniger Illusionen und verlangen nichts Unmögliches. Verurteilung verwandelt sich in Zuneigung und Liebe. Wir können über unser eigenes, unreifes Geschimpfe lachen und die wahre Weisheit erkennen, die das Erbe der Gemeinde ist. Natürlich hat die Gemeinde viele Fehler – sie besteht ja aus Menschen wie wir; aber sie bewahrt und überliefert die gesammelte Erfahrung einer großen Gruppe von Gläubigen.

Neubekehrte und Kinder lieben die Gemeinde aufgrund der Vorstellung, dass sie vollkommen sei. Spirituell Pubertierende verachten die Gemeinde für ihre tatsächlichen Verfehlungen. Reife Christen lieben die Gemeinde für das, was sie ist – der von Wundmalen gezeichnete Leib Christi; eine Versammlung gebrochener und verletzter Menschen (wie wir selbst), die Vergebung suchen und sich verändern lassen wollen; eine mit Mängeln behaftete Organisation, die einen herrlichen, aber unerreichbaren Traum verfolgt; ein gemeinschaftliches Wagnis mehr oder weniger guter oder schlechter Individuen; eine geistliche Mutter, die aller Ehre wert ist.

Die Gemeinde ist wie ein Stahlgürtelreifen

Ich [Paulus] habe gehört, dass ihr einen Mann in eurer Gemeinde habt, der mit der Frau seines Vaters zusammenlebt. Und ihr seid stolz auf euch! Warum tragt ihr nicht Trauer vor Kummer und Scham? Und warum habt ihr den Mann, der so lebt, nicht aus eurer Gemeinschaft ausgeschlossen? (1 Kor 5,1–2 NLB)

Ich war noch nicht lange verheiratet, als der Bruder meiner Frau mir einen Vortrag über Reifen hielt. Er war ein Experte für alles, was mit Autos zu tun hatte, und riet mir, unbedingt Stahlgürtelreifen auf den Rädern meines Autos aufzuziehen. Seine Schwester fuhr ja häufig mit mir im Wagen, und ihre Sicherheit wollte er gewährleistet wissen. Er beriet mich später bei meinem ersten Reifenkauf. Ich hörte auf ihn – und das war gut.

Einige Jahre später fuhr ich auf einer Landstraße nach Hause, nachdem wir den Tag bei der Schwester meiner Frau verbracht hatten. Die Kinder schliefen auf dem Rücksitz, meine Frau neben mir. Ich fuhr ungefähr 110 Stundenkilometer, als ich eine Brücke überquerte.

Dann geschah es. Genau an der Nahtstelle zwischen der Brücke und der regulären Fahrbahn befand sich ein riesiges Schlagloch. Ich sah es erst, als wir schon darüberfuhren. Das ganze Auto wurde erschüttert. Das Vorderrad schien am meisten abbekommen zu haben.

Meine Frau schreckte auf und rief: „Was ist passiert?" Ich umklammerte das Lenkrad und hielt den Atem an in der Erwartung, dass mein Auto in seiner Fahrtüchtigkeit beeinträchtigt sein könnte. Aber wir konnten ohne Probleme weiterfahren.

Außer dem Schrecken, den wir durchlebt hatten, gab es keinerlei Anzeichen dafür, dass wir gerade durch die Mutter aller Schlaglöcher gefahren waren.

Reifeningenieure müssen immer versuchen, zwei gegensätzliche Kriterien miteinander zu vereinbaren: Elastizität (Nachgiebigkeit und Geschmeidigkeit des Reifens) und Festigkeit (die Fähigkeit des Reifens, einem Aufprall bei Schlaglöchern oder anderen Hindernissen zu widerstehen). Beides ist absolut wichtig für die Qualität eines Autoreifens.

Gummi gibt dem Reifen seine Elastizität, und Stahlgürtel sorgen für die nötige Festigkeit, um sowohl einen harten Stoß verkraften als auch den für gute Rolleigenschaften nötigen Luftdruck halten zu können. Man kann Reifen auch ganz aus Gummi herstellen, dann können sie jedoch nur einem gewissen Druck standhalten. Sie werden für Fahrzeuge benutzt, die auf morastigem Boden fahren sollen. Für einen normalen Pkw oder ein Geländefahrzeug wären sie völlig nutzlos. Sie hätten nicht die nötige Festigkeit auf steinigen, mit Löchern übersäten Straßen oder auf Autobahnen. Andererseits braucht man reine Stahlräder nur bei Panzern oder Lokomotiven.

Hochleistungsreifen verlangen eine Mischung aus Elastizität und Festigkeit, aus Gummi und Stahl. Ein effektives geistliches Leben, sowohl auf der individuellen als auch auf Gemeindeebene, erfordert entsprechend eine Mischung aus Gnade und Gesetz, Taktgefühl und Strenge, Freiheit und Disziplin.

Diese Mischung erkennen wir auch im Dienst Jesu. Er reagierte wunderbar auf die unterschiedlichen menschlichen Nöte und verfolgte gleichzeitig seine Ziele mit stahlharter Beharrlichkeit. Ähnlich verhält es sich mit seiner Lehre: Er lehrte seine Jünger, menschlichen Nöten mit Mitgefühl, Sanftmut und Barmherzigkeit zu begegnen, und zugleich strikte Verhaltensnormen einzuhalten und sich radikal der Wahrheit und Aufrichtigkeit zu verpflichten.

Heiliger Gummi ist erforderlich

Wir lieben und verehren Jesus, weil er das genaue Gegenteil von rigide, gesetzlich, willkürlich und autoritär ist. Wir lieben und verehren ihn, weil er die Belange der Menschen über das Gesetz und das Dienen über die traditionellen Gebräuche stellte. Entgegen der jüdischen Vorschrift sprach er mit einer Frau aus Samarien (siehe Joh 4,7–9); er setzte sich über das Gesetz Gottes hinweg, als er einen

Leprakranken berührte (siehe Mk 1,40–42; vgl. 3 Mo 13,45–46); er „brach" den Sabbat, indem er eine Frau heilte, die seit 18 Jahren krank gewesen war (Lk 13,16). Jesus passte sich dem einzelnen Menschen an und behandelte jede Person so, wie sie es gerade brauchte. Als einmal ein reicher junger Mann mit ihm über die Erlangung des ewigen Lebens sprach, riet Jesus ihm, alles zu verkaufen und den Erlös den Armen zu geben (Mt 19,16.21); als ein anderer wohlhabender Mann ihn aufsuchte, sprach Jesus überhaupt nicht vom Besitz, sondern nur von dessen Herz („Du musst von Neuem geboren werden", Joh 3,1–7). Jesus formulierte seine Worte und gestaltete sein Verhalten entsprechend seinem Gegenüber.

Aber er war auch ein Mann mit Stahl.

Auch heiliger Stahl ist erforderlich

Das dramatischste Beispiel für die Kombination von Gummi und Stahl bei Jesus war die Vertreibung der Händler und Geldwechsler aus dem heiligen Tempel in Jerusalem. Jesus schritt – ein geknotetes Seil schwingend – über den Tempelhof, warf Tische um und jagte die Händler davon (Joh 2,13–17). Das war kein impulsiver Ausrutscher, denn drei Jahre später machte er dasselbe noch einmal (siehe Mt 21,12–13). Mit seinem stahlharten Handeln verbreitete er Schrecken unter denen, die es gewöhnt waren, sonst dort das Sagen zu haben.

Aber in den nächsten Versen, die dem Bericht über die zweite Austreibung der Händler folgen, lesen wir, dass Jesus Blinde und Lahme im Tempelbezirk heilte (sie durften dort eigentlich gar nicht sein) und von Kindern umringt wurde, die begeistert Hosianna sangen, weil sie von seiner Warmherzigkeit und seinem Mitgefühl berührt wurden. Stahl und Gummi, Härte und Liebe.

Die Gemeinde als das Abbild Christi

Die Gemeinde sollte ein Abbild dieser Mischung aus Sanftmut und Strenge, Anpassungsfähigkeit und unbeugsamer Integrität bzw. Rechtschaffenheit sein. Wenn sich eine Gemeinde an einem der Extreme bewegt, ist sie funktionsgestört und bringt ihr Haupt Jesus in Verruf.

Ich habe erschütternde Geschichten von Leuten gehört, die durch unangemessene Verurteilung oder unangebrachte Zurückweisung großen Schaden durch eine Ortsgemeinde erlitten haben – zu viel Stahl, der aus dem Reifen herausragt. Doch je mehr sich die Zeiten verändern und je toleranter wir werden, desto häufiger höre ich, dass Wunden geschlagen werden, weil die Gemeindeleiter es versäumt haben, Gemeindeglieder mit manchmal glatter Persönlichkeit, die in der Gemeinde scharfe Reden führen, Leute heruntermachen oder Streitigkeiten verursachen, mit ihrem Verhalten zu konfrontieren, sie zu ermahnen und sich von ihrer Handlungsweise zu distanzieren. Eine leistungsfähige Gemeinde muss Stahl und Gummi, Härte und Sanftheit in sich vereinen.

Wenn nicht genügend Stahl vorhanden ist

Sally wurde von ihrem Mann Bill zu einer Abtreibung gezwungen; würde sie nicht einwilligen, wollte er sich von ihr scheiden lassen. Kurze Zeit später entdeckte sie, dass Bill sich mit einer jüngeren Frau traf. Etwa ein Jahr lang setzte er diese Affäre ganz dreist fort, lachte nur über Sallys Proteste und drohte ihr erneut mit der Scheidung. Schließlich ließ sie sich scheiden, und er heiratete das „süße, junge Ding".

Was tat die Gemeinde während dieser Zeit? Der Pastor riet Sally, ihrem Ehemann zu gehorchen und der Abtreibung zuzustimmen, weil er das Haupt der Familie sei. Und als Bill Sally für die Scheidung verantwortlich machte, akzeptierte der Pastor Bills Vorwürfe, ohne sie zu hinterfragen. Er war sogar bereit, Bill und dessen neue Frau in seiner Gemeinde zu trauen.

Bill ist immer noch ziemlich aktiv in der Gemeinde, hält gern gelegentlich eine Predigt und ist ein begeisterter Amateurtheologe. Die Gemeinde hat seine neue Frau mit offenen Armen aufgenommen. Aber ist es verwunderlich, dass Sally nicht mehr zur Adventgemeinde gehört und sich ernsthafte Fragen über die Gerechtigkeit Gottes stellt? Die Gemeinde hatte sehr viel Gummi für Bills Anliegen, aber keinen Stahl für die ungerechte Behandlung Sallys. Die Gemeinde hatte es versäumt, sich schützend vor sie zu stellen, ihr unterstützend beizustehen und für sie einzutreten.

Die Gemeinde ist von Gott berufen, ihren Einfluss und ihre Autorität zu benutzen, um sich für Gerechtigkeit einzusetzen, Ungerechtigkeit entgegenzutreten, gegen das Böse zu protestieren und gegen offenbares sündiges Verhalten vorzugehen. Eine leistungsfähige Gemeinde muss ernstlich gegen ein sündhaftes Verhalten wie das von Bill auftreten, notfalls auch gemeindeöffentlich, denn das ist die Weisung von Jesus (siehe Mt 18,15–18).

Auf einem Campmeeting suchte eine Frau, die sich in großer Bedrängnis befand, das Gespräch mit mir. Ein Ältester ihrer Gemeinde war wegen sexuellen Missbrauchs an einem kleinen Jungen ihrer Gemeinde verhaftet worden. Er war kurze Zeit im Gefängnis gewesen, dann aber auf Bewährung entlassen worden. Inzwischen war herausgekommen, dass dieser Älteste über Jahre hinweg noch andere Opfer in der Gemeinde gefunden hatte. Aber die Gemeindeversammlung lehnte es ab, ihn aus seinem Amt zu entfernen, weil sie nicht „richten" wollte!

Wenn ein Gemeindemitglied Kinder sexuell belästigt, muss die Gemeinde den Täter ernstlich und öffentlich zurechtweisen. Sie muss unmissverständlich klarstellen, dass sie ein solches Verhalten auf keinen Fall toleriert, und ihn aus allen Ämtern und evt. auch aus der Gemeinde entfernen. Ich kann nicht verstehen, dass diese Feststellung umstritten ist. Gnade ist keine Lizenz zum Missbrauch!

Wenn jemand die Gemeinde als Deckmantel benutzt, um älteren Gliedern Geld für angeblich gute Zwecke abzuschwatzen, wenn Kinder und Jugendliche oder andere in der Gemeinde ständig lieblos behandelt werden, muss die ganze Gemeinde als Leib Christi dazu Stellung beziehen und öffentlich erklären: „Das ist nicht richtig!" Sie muss den Schwachen kompromisslos Schutz bieten.

Gemeindezucht (heute „korrigierende Seelsorge" genannt) bedeutet nicht Ablehnung der Person. Sie ist kein unchristliches Richten über Andere, das Jesus verboten hat (Mt 7,1–2); sie geschieht vielmehr ganz in seinem Sinne. Sie verkündet das Urteil Gottes über Sünde und Unterdrückung. Wie die Geschehnisse bei der Austreibung der Händler aus dem Tempel zeigen, war Jesus keineswegs zimperlich gegenüber solchen, die ein religiöses Deckmäntelchen für ihr unrechtes Tun benutzten.

Wenn Pastoren inkompetent oder nachlässig sind und nicht angemessen reagieren und sich verändern, wenn ihnen ihre Fehler vorgehalten werden, muss man sie entlassen, nicht sie versetzen. Wenn Administratoren der Kirche lügen oder ihr Amt missbrauchen, um sich zu bereichern, oder es versäumen, ihre Mitarbeiter angemessen zurechtzuweisen, muss die Kirchenleitung sie ermahnen oder ihres Dienstes entheben.

Paulus schrieb, dass die Gemeinde der tragende „Pfeiler und das Fundament der Wahrheit" ist (1 Tim 3,15 GNB); sie ist „Gottes Familie" (Eph 2,19 NLB), der „Leib Christi" (1 Kor 12,12–27). Ohne angemessene Disziplinierung ihrer Mitglieder und ohne Entschlossenheit zur öffentlichen Distanzierung von schädigendem oder verletzendem Verhalten seitens ihrer Mitglieder oder Amtsträger macht sie die Ideale des Neuen Testamentes zu einer Farce.

Hart genug sein, um zu helfen

Ein Paar bat mich darum, es zu taufen; doch das lehnte ich ab, denn die beiden lebten zusammen und hatten zwar vor zu heiraten, aber die Frau war noch nicht von ihrem ersten Ehemann geschieden. Ich bestand darauf, dass sie erst ihre eheliche Situation klären müsse, bevor ich sie taufen könne. Ich bekam daraufhin Ärger mit einem der Ältesten meiner Gemeinde, der mir Richtgeist vorwarf.

Das Paar zog bald weg, aber in den folgenden Jahren meldeten sie sich ab und zu aus ihrem neuen Heimatort. Beide dankten uns für den Dienst unserer Gemeinde und berichteten mir, wie sie seitdem geistlich gewachsen seien. Offenbar hatte unsere konsequente Haltung in dieser Sache ihr Vertrauen in die Gemeinde als sicheren Ort gestärkt. Mit der Weigerung, ihre unerlaubte Beziehung hinzunehmen, kooperierten wir mit ihrem Gewissen, gerade weil wir nicht bereit waren, ihrem Wunsch zur Taufe nachzukommen.

An solchen Fällen wird deutlich, dass es zu einer moralischen Verunsicherung der Beteiligten führt, wenn die Verantwortlichen der Gemeinde vor deren unmoralischem Verhalten die Augen verschließen. In ihrem tiefsten Inneren waren die beiden Personen überzeugt, dass ihr Verhalten falsch war. Hätte die Gemeinde sich ihrem Wunsch zur Taufe gefügt und wäre nicht der inneren, unausgesprochenen Überzeugung der beiden gefolgt, hätten sie die Gemeinde nicht als Hort empfunden. Sie hätten sie als manipulierbar und damit als unglaubwürdig wahrgenommen. Wenn die Gemeinde sündigem Verhalten freundlich, aber bestimmt widerspricht, wird dies dafür sorgen, dass die Gemeinschaft gesund bleibt und die Gemeinde zu einem sicheren Ort wird.

Der Stahl muss unsichtbar bleiben

Wenn der im Reifen befindliche Stahl äußerlich sichtbar wird, wissen wir, dass wir ein Problem haben. Ein Hochleistungsreifen muss Stahl enthalten, aber er darf nicht zu sehen sein. Auch das können wir auf das Gemeindeleben übertragen. Wenn der Stahl für Andere offen sichtbar ist, hat die Gemeinde ein Problem.

Wenn die Jugendlichen, Besucher oder langjährigen Mitglieder die Gemeinde vorrangig als stahlhart erleben, haben wir Pastoren jämmerlich versagt. Wir verdienen uns das Recht, die Wahrheit auszusprechen, indem wir echte Liebe zeigen, Liebe „mit Haut" darüber. Liebe kostet Zeit, manchmal auch Geld, und verlangt immer, unser natürliches Bedürfnis zu unterdrücken, in den Augen der Gemeinde gut auszusehen und es allen recht zu machen.

Eine Zurechtweisung muss immer zuerst unter vier Augen erfolgen, wie Jesus die Gemeinde anweist (Mt 18,15). Sie muss freundlich, sehr behutsam und auf respektvolle Weise erfolgen. Andererseits muss unsere Verpflichtung gegenüber der Wahrheit und Gerechtigkeit bestimmen, wie weit unsere Barmherzigkeit und Nachsicht gehen darf.

Harte Entwicklungsarbeit ist nötig

Um die Analogie mit dem Stahlgürtelreifen zu vervollständigen: Reifendesigner investieren Verstandeskraft und finanzielle Mittel in das Ziel, die perfekte Verbindung von Gummi und Stahl zu entwickeln. Unentwegt werden die Modelle getestet und verbessert.

Wir sollten dasselbe mit unseren Verhaltensmustern im christlichen Leben tun – persönlich und als Gemeinschaft. Ein leistungsfähiges Christen- und Gemeindeleben erfordert Kreativität, sorgfältiges Ausprobieren und nüchterne, scharfsichtige Analyse.

Heilige Luft ist erforderlich

Aber letzten Endes machen weder Gummi noch Stahl den Reifen funktionstüchtig, denn der beste Stahlgürtelreifen der Welt taugt nichts ohne die Luft im Reifen. Sie trägt das Fahrzeug.

Genauso verhält es sich mit der Gemeinde. Weder unser Takt- und Mitgefühl noch unsere entschiedene Verpflichtung zur Wahrheit und Gerechtigkeit befähigen uns letztlich zu der Aufgabe, die Gott uns zugewiesen hat. Diese menschlichen Eigenschaften sind unverzichtbar, aber nicht ausreichend. Nur wenn wir und unsere Gemeinde mit dem Geist Gottes erfüllt sind, können wir wirklich die Höchstleistung erreichen, zu der wir berufen sind.

Nachdem wir studiert und geplant, an Seminaren über Freundschaftsevangelisation, Gemeindewachstum, korrigierende Seelsorge und dem theologischen Begriff der Übrigen teilgenommen haben, lasst uns ernsthaft ins Gebet gehen und uns um die (erneute) Erfüllung mit dem Heiligen Geist bemühen. Wenn wir dann unerwartet über ein Schlagloch fahren, wird der Reifen halten.

Liberale und Konservative in der Gemeinde

Deshalb urteilt nicht mehr übereinander, sondern lebt so, dass ihr niemanden behindert und keinen vom Weg Gottes abbringt. (Röm 14,13 NLB)

Wer nicht gegen euch ist, der ist für euch. (Lk 9,50b)

Ich weiß, wie heikel es ist, solche Bezeichnungen zu benutzen. Oft stiften sie mehr Verwirrung, als dass sie Klarheit schaffen. Aber in diesem Zusammenhang fallen mir einfach keine passenderen Begriffe ein. Und obwohl die Attribute „liberal" und „konservativ" bekanntermaßen schwammig sind, erfüllen sie hier ihren Zweck.

Stellen wir uns die Gemeinde als ein Haus vor. Die Konservativen sind die Bauarbeiter, die Liberalen die Innenausstatter. Die Bauarbeiter gießen den Beton, mauern die Wände und nageln die Dachbalken. Die Innenausstatter bringen Wandfarbe und Tapeten an, legen Fliesen, Teppiche und die Beleuchtung.

Konservative und Liberale streiten ständig über das Haus. Für Konservative ist es eine Festung gegen das Böse. Sie möchten, dass es stabil genug ist, um dem schwersten Erdbeben und dem heftigsten Tornado standzuhalten. Sie investieren sehr viel Zeit und Geld, um ein stabiles Haus zu errichten, und sie möchten, dass es in diesem Zustand bleibt. Verständlicherweise ärgern sie sich über jeden, der es schmutzig macht. Sie befürchten, dass jede Veränderung an der Struktur des Hauses es anfällig für Einbrüche, Erdbeben, Feuer oder (in den USA) für Tornados macht.

„Lass es in Ruhe", sagen sie. „Es ist gut gebaut. Es hat uns gute Dienste geleistet. Repariere nichts, was nicht defekt ist."

Dann kommen die Liberalen und fangen an herumzubasteln. Sie möchten größere Fenster und ein Oberlicht haben. Sie bestehen auf Teppichen im Wohnzimmer und italienischen Fliesen in der Küche.

Sie möchten Tapeten im Eingangsbereich und in den Schlafzimmern und Glasbausteine neben der Eingangstür haben, damit der Flur mehr Licht bekommt. Sie bestellen neue Küchengeräte und schlagen vor, die Wand zwischen Küche und Esszimmer herauszunehmen und dafür vielleicht eine zwischen Wohn- und Esszimmer zu ziehen.

Den Konservativen graut vor all den Modernisierungsabsichten. Die Öffnungen im Dach werden bestimmt undicht werden und Wasser einlassen. Die größeren Fenster werden bei einem Tornado extrem gefährdet sein, und Tapeten und Teppiche sind sowieso reine Geldverschwendung.

Könnten die Konservativen die Liberalen vom Haus fernhalten, bliebe es zweifelsohne stabil und sturm-, erdbeben- und feuersicher. Es kann jedoch passieren, dass wir am Ende ein Gemeindehaus besitzen, in dem unsere Kinder nicht wohnen wollen. Wer möchte schon über Betonböden laufen, Kerzen als Beleuchtung benutzen, auf Pritschen schlafen und als abendlichen Sichtschutz Decken vor die Fenster hängen?

Gelänge es dagegen den Liberalen, die Konservativen zu verdrängen, wäre das Gebäude zwar traumhaft und komfortabel ausgestattet, würde aber einem Sturm oder Erdbeben womöglich nicht standhalten. Die Dachfenster wären möglicherweise durchlässig, die Teppiche wunderschön, aber schwer zu reinigen, das Badezimmer sehr ansprechend, aber die Rohre undicht.

Liberale gründen keine kirchlichen Institutionen und Einrichtungen – Konservative tun das. Gemeindehäuser, Schulen und Universitäten, Verlage und Krankenhäuser, Erholungs- und Altenheime gehen sämtlich auf ihre Initiative zurück. Konservative sind Menschen, die aus Überzeugung bereit sind, sich von ihrem schwerverdienten Geld zu trennen, um etwas in Bewegung zu setzen.

Andererseits sind die Liberalen flexibel genug, um überkommene Vorstellungen den gegenwärtigen Gegebenheiten anzupassen. Liberale stellen sich der schwierigen Frage, ob eine Einrichtung oder Institution angesichts einer sich verändernden Gesellschaft noch effizient und effektiv ist und ob es nicht bessere Möglichkeiten oder andere Wege gibt.

Es gäbe in unserer Kirche keine Schulen und medizinische Ausbildungsstätten ohne die leidenschaftliche Überzeugung und die Antriebskraft der Konservativen. Andererseits würden unsere Colleges keine Absolventen zur Harvard-, Columbia- oder Stanford-Universität schicken können oder an irgendeine der medizinischen Hochschulen von Weltruf, hätten nicht die Liberalen in den 1950er-Jahren die staatliche Anerkennung der adventistischen Colleges in den USA durchgesetzt.

Konservative sind die besten Evangelisten, denn sie sind sich ihres Glaubens ganz sicher und meinen zu wissen, was andere Menschen brauchen. Und ihre Überzeugungen sind klar genug, dass die eindeutig kommuniziert werden können.

Adventistische Konservative können auf das enorme Gemeindewachstum und die Millionen neuer Gemeindemitglieder als Rechtfertigung verweisen, und dass das Haus in Ordnung ist und so bleiben sollte, wie es ist. Konservative haben die Lehren formuliert, die Menschen zusammengebracht haben, und die Institutionen aufgebaut, die das Ziel liberaler Modernisierungsbemühungen sind.

Aber konservative Gemeindeglieder haben Kinder. Und wenn die heranwachsen, brauchen sie häufig den Beistand liberaler Adventisten. Die Heranwachsenden bekommen im Pubertätsalter oder danach häufig Probleme mit diesem oder jenem Aspekt des adventistischen Glaubens oder der Gemeinde ihrer Eltern, und die konventionellen Antworten genügen ihnen dann nicht mehr. Sie sind zwar noch überzeugt, dass es Gott gibt, aber sie haben viele Fragen. Oftmals trauen sie sich nicht, sie ihren konservativen Eltern zu stellen, oder haben erlebt, wie negativ die auf echte Fragen reagieren. Mehr als alles andere brauchen sie die Gewissheit, dass jemand, der Ansehen in der Gemeinde genießt, ihnen zuhört und sie versteht. Und wenn sie ihren aufbegehrenden Geist nicht in Übereinklang mit jedem Detail des Glaubens ihrer Eltern bringen können, brauchen sie einen anderen Erwachsenen, der ihnen die Sicherheit gibt, dass die Adventgemeinde immer noch ihr Zuhause ist – trotz ihrer Fragen –, und es gut ist, zu ihr zu gehören.

Zweifler schließen sich kaum Konfessionen an, die von sich selbst völlig überzeugt sind, aber sie werden in sie hineingeboren. Homosexuelle treten konservativen Kirchen nicht bei, wachsen aber in ihnen auf. Sehr wenige Geologen, Psychiater oder Künstler werden Adventisten, aber junge Leute aus adventistischen Familien studieren Geologie, Psychologie oder die Künste und werden mit Fragen konfrontiert, die sich mit konventionell konservativen Argumenten nicht ohne weiteres beantworten lassen.

Niemand ist gezwungen, sich der Adventgemeinde anzuschließen, wenn er beunruhigende und unbeantwortete Fragen hat. Was ist jedoch mit den jungen Menschen, die adventistisch erzogen wurden? Ihnen sind der Sabbat, das Wissen um die Wiederkunft Christi und die neue Erde, die gesundheitsbewusste Ernährung und die Freunde in der Gemeinde wichtig. Doch dann haben sie plötzlich mit Fragen zu adventistischen Glaubensüberzeugungen, dem Alter der Erde, der Entwicklung der Lebewesen oder einigen anderen adventistischen Gewissheiten zu kämpfen. Mit wem können sie dann sprechen?[5]

Zuerst werden sie sich in dem Versuch, die alten Gewissheiten wiederzugewinnen, an einen überzeugten, redegewandten Konservativen wenden. Doch wenn die konservativen Antworten sie nicht mehr befriedigen, sie die Gemeinde aber nicht verlassen wollen, werden sie Gott für den Dienst der liberalen Mitglieder dankbar sein. Sie werden sich freuen, dass jemand ein Oberlicht eingebaut, eine Wand herausgenommen und Teppichboden gelegt hat.

Und wenn es die eigenen Kinder sind, die darüber nachdenken, die Gemeinde zu verlassen, und es die Gespräche mit einem „liberalen" Gemeindeglied sind, die sie in der Adventgemeinde halten, dann werden die Konservativen für die mehr Liberalen sehr dankbar sein. Sie sind die Erwachsenen in der Gemeinde, mit denen die Kinder der Konservativen gut reden können.

Dieser Dienst der Liberalen empfiehlt sich den Konservativen auch noch aus einem anderen Grund. Wenn junge Erwachsene

[5] Dieser Abschnitt richtet sich an alle, die in der Adventgemeinde aufgewachsen sind. Prinzipiell gilt er auch für die, welche Gott in die Adventgemeinde geführt hat, die sich aber nicht mit jeder Einzelheit der adventistischen Lehren identifizieren können.

unsere Kirche wegen bestimmter Schwierigkeiten verlassen, werden deren Kinder sehr wahrscheinlich nie die adventistische Botschaft hören. Wenn aber kritische junge Leute in der Gemeinde bleiben, werden deren Kinder wiederum reichlich Gelegenheit haben, mit den adventistischen Lehren vertraut zu werden, und können dann eine eigene Wahl treffen.

Manchmal passiert es, dass die Kinder liberaler Adventisten die Bücher von Ellen White auf adventistischen Schulen oder Colleges lesen und zu radikalen Adventisten werden. Diese Kinder wünschen sich eine Religion, die standfest und kraftvoll ist, die offensiv missionarisch ausgerichtet ist, die nicht allzu geduldig mit menschlichen Schwächen umgeht und unerschrockenen Gehorsam an den Tag legt. Mit anderen Worten: Sie sind konservativ geworden.

Wenn alle Adventisten liberal eingestellt, gebildet und kulturell angepasst wären, wo fänden dann diese geistlich neugeborenen Kinder der Liberalen ihre geistlichen Ratgeber? Sie müssten die Gemeinde verlassen und sich eine konservative Glaubensgemeinschaft suchen; sie müssten woanders hingehen, um jemanden zu finden, der sie versteht und auf ihrem geistlichen Weg begleitet. Aber weil es in unserer Gemeinde überzeugte, kämpferische Konservative gibt, können die wiedergeborenen radikalen Kinder der Liberalen in der Gemeinde ihrer Eltern zu Hause bleiben. Konservative Glieder sind die Erwachsenen in der Gemeinde, die die wiedergeborenen Kinder der Liberalen bewundern und mit denen sie sich zusammentun können.

Konservative halten nicht viel von Menschen, die sich nicht in das System einfügen. Sie verstehen die dringlichen Fragen ihrer Kinder nicht. Sie sind nicht in der Lage, die Aufrichtigkeit zu erkennen, die ehrlich Andersdenkende dazu bringt, die Gemeinde zu kritisieren und sie gleichzeitig zu lieben.

Liberale dagegen haben es sehr schwer mit der begeisterten Überzeugung der jungen Eiferer. Sie können ihr Bedürfnis nach kollektiver Disziplin und gemeinschaftlichen Normen nicht nachempfinden. Unter den Kindern unserer Gemeinden gibt es sowohl ängstliche als auch eifrige. Beide brauchen sie entsprechende Unterstützung durch liberale und konservative Gemeindeglieder.

Im Laufe der Jahre habe ich immer wieder von Menschen von beiden Seiten des Spektrums gehört, dass die meisten unserer Probleme gelöst wären, wenn es nur die „andere Seite“ nicht gäbe oder ihr Einfluss eingeschränkt werden könnte. Könnten wir nur den verderblichen Einfluss der Liberalen bzw. die kompromisslose Haltung der Konservativen verhindern, dann wäre unsere Gemeinde „genau richtig“.

Ich glaube das nicht. Vielmehr ist es meine Überzeugung, dass wir um unserer Kinder willen zueinander stehen und miteinander die Adventgemeinde bauen sollten.

TEIL III

Der Sabbat –
ein Park in der Zeit

Ein Erholungspark in der Zeit

Gedenke des Sabbattages, dass du ihn heiligest.
Sechs Tage sollst du arbeiten und alle deine Werke tun.
Aber am siebenten Tage ist der Sabbat des HERRN,
deines Gottes. (2 Mo 20,8–10)

Ich denke gern an den Overton-Park in meiner Heimatstadt Memphis in Tennessee, der für mich als Kind ein magischer Ort war. Am Sabbatnachmittag gingen unsere Eltern dort mit uns in einem Wald aus hochgewachsenen alten Eichen- und Hickorybäumen spazieren. Wir suchten im Bach nach Flusskrebsen und fütterten die Enten auf dem See. An Sommerabenden lauschten wir am Pavillon den Konzerten. Wir ließen Drachen steigen, schwangen uns auf Schaukeln hin und her und machten Picknick. Auf den weiten Flächen hatte sich eine Kunstakademie angesiedelt und an der Nordseite des Parks befand sich der Zoo. Für ein Stadtkind in Memphis gab es keinen schöneren Ort als diesen Park.

Ich erinnere mich noch an etwas anderes, was für Memphis in den 1960er-Jahren typisch war: Man brauchte ewig, um irgendwo hinzukommen, denn es gab damals keine Schnellstraßen. Als dann aber der erste Abschnitt für den Verkehr freigegeben wurde, erschien uns die vierspurige Straße ohne Verkehrsampeln, auf der man eher zu fliegen als zu fahren schien, wie eines der sieben Weltwunder.

Der Stadtentwicklungsplan sah einen Autobahnring um die Stadt herum vor und als Teil der Fernstraße 40 eine Schnellstraße, die quer hindurchführen sollte. In Memphis wurden – wie fast überall – die Grundstücke der Reichen nicht angetastet. Die einzige Lücke im Wohngebiet der Wohlhabenden war der Overton-Park. Die Stadtplaner hatten Glück, dass die exklusiven Wohngegenden nördlich und südlich des Parks lagen, während die Wohnviertel der Arbeiter, die den Bau der Schnellstraße nicht verhindern konnten, sich östlich und westlich des Parks erstreckten.

Es gab nur noch ein Problem. Eine ältere Dame, die sehr viel Geld hatte, wollte nicht, dass der Park durch eine Schnellstraße verschandelt würde, und zog vor Gericht.

Fast jeder, den ich kannte, war über den Widerstand der alten Dame empört, denn die Schnellstraße wurde in Memphis dringend gebraucht, und die Route durch den Park lag einfach auf der Hand, war die billigste Lösung und politisch am ehesten durchsetzbar. In der Annahme, dass es nur eine Frage der Zeit war, bis der gesunde Menschenverstand siegte, wurden die Bauarbeiten in Angriff genommen. Die Straße wurde bis auf ein paar Kilometer östlich des Parks fertiggestellt. Die Stadt beanspruchte ihr Wegerecht und ließ Häuser bis zur Parkgrenze abreißen.

Die gerichtliche Auseinandersetzung zog sich über 20 Jahre hin. Am Ende gewannen die Dame und der Park. Mitten in Memphis hat die Schnellstraße heute eine Lücke. Die Fernstraße umgeht die Stadt über den nördlichen Autobahnring. Die meisten Leute, die vor 30 Jahren die alte Frau für verrückt hielten, erkennen heute, wie Recht sie damals hatte, sich gegen die Zerschneidung des Parks zu wehren. Wenn die Einwohner mit ihren Enkeln in den Zoo gehen, sind sie froh, dass er nicht direkt an eine lärmende Schnellstraße grenzt. Es ist gut, dass beim Blick aus der Kunstakademie nach Norden keine Zäune, Ausfahrtsschilder und Sattelschlepper sichtbar sind. Es ist schön, dass man beim Minigolfspiel oder dem Spaziergang mit den Kindern Vogelgezwitscher statt Verkehrslärm hört.

Memphis benötigt immer noch dringend eine Durchgangsstraße, aber das Stadtbild wäre unermesslich viel ärmer, hätte man zugelassen, dass der Verkehrsweg mitten durch das Herz des Overton-Parks verläuft.

Die Idee, die offene Fläche des Parks zur Verbesserung der Infrastruktur von Memphis zu nutzen, hatte historische Vorläufer. Als die Stadt eine Kunstakademie bauen wollte, war es viel billiger, sie im Park zu errichten als neues Land zu kaufen, und Kunst schien sich gut mit dem Zweck des Parks zu vereinbaren. Der Park hatte bereits seit langem den Zoo beherbergt und die Tiere passten offenbar gut zu den vorhandenen Wäldern und Teichen. Dann wurde dort noch die neue Feuerwache errichtet. Sie war auf Druck der reichen Anwohner entstanden, die sich einen besseren Feuerschutz wünschten, aber natürlich nicht daran dachten, eines ihrer feinen Häuser dafür zu opfern. Niemand würde 2000 m² Wald vermissen. Also baute die Stadt die Feuerwache in die Südwestecke des Parks. Wären die ältere Frau und ihre Anwälte nicht gewesen, hätten praktisch denkende Leute den Park einfach mit einer Schnellstraße in zwei Hälften geteilt.

Die Freiflächen einer Stadt müssen erbittert verteidigt werden, oder sie werden einem „nützlicheren" Verwendungszweck geopfert. Ohne couragierte Vorkämpfer, die sich dagegen zur Wehr setzen, werden die Sachzwänge der Stadtentwicklung jeden freien Quadratmeter zum Nachteil des Stadtbildes und der Lebensqualität ihrer Bewohner für sich beanspruchen.

Der Sabbat ist wie ein Erholungspark in der Zeit. Er ist von Gott als Freiraum der Ruhe inmitten unseres hektischen Lebens gedacht. Aber wie die Freiflächen in einer Stadt würde er ohne ständige Wachsamkeit verlorengehen. Wir Adventisten glauben, dass wir zu Wächtern dieses Parks in der Zeit berufen sind.

Die Vorstellung eines wöchentlichen Ruhetages (ob Sabbat oder Sonntag) ist aus unserer heutigen Gesellschaft weitgehend verschwunden. Im Jahr 2000 schlug der Flugzeughersteller Boeing in Seattle eine Gleitarbeitswoche vor, in der die Beschäftigung am Wochenende keine besondere Stellung mehr einnahm. Jede beliebige Abfolge von fünf aufeinander folgenden Tagen sollte als reguläre Arbeitswoche bezahlt werden: Montag bis Freitag oder Mittwoch bis Sonntag oder Freitag bis Dienstag. Alle Arbeitstage sollten gleich sein und Wochenendzuschläge abgeschafft werden.

Die meisten Kirchen betrachten den Sonntag als passenden Tag, um in die Kirche zu gehen, aber nicht als heiligen Tag (außer der Katholischen). Papst Johannes Paul II. betonte zwar in einem Schreiben am Pfingstfest 1998 die Heiligkeit des Sonntags,[1] der Rat der

[1] *Dies Domini;* siehe www.vatican.va/holy_father/john_paul_ii/apost_letters/documents/hf_jp-ii_apl_05071998_dies-domini_ge.html.

Evangelischen Kirche in Deutschland gab 1999 eine gemeinsame Erklärung mit der Deutschen Bischofskonferenz unter dem Titel „Menschen brauchen den Sonntag" heraus,[2] und auch unter amerikanischen Evangelikalen wurden einige Stimmen laut, die die schwindende Bedeutung des „christlichen Sabbats" (des Sonntags) beklagten – aber das sind einzelne Stimmen angesichts der in unserer Gesellschaft vorherrschenden Tendenz, jede nur verfügbare Stunde mit „produktiver" Geschäftigkeit anzufüllen und alles Handeln wirtschaftlichen Interessen unterzuordnen.

Fast jeder Erwachsene, den ich kenne, braucht immer mehr Zeit: mehr Zeit für seine Arbeit, seine Geschäfte, seine Ausbildung, sein Haus oder seine Hobbies. Wir haben nicht genug Zeit für einen Ruhetag, egal ob am Samstag oder am Sonntag. Der Sabbat braucht couragierte Vorkämpfer – genau wie der Overton-Park.

Es wäre töricht zu behaupten, dass ein Park das Wichtigste ist, was eine Stadt braucht. Benötigt eine Stadt einen Park dringender als Straßen, ein Wasserversorgungssystem, Bürogebäude oder Feuerwehrhäuser? Eine Stadt braucht das alles und noch viel mehr. Ebenso einfältig wäre es zu glauben, dass der Sabbat das dringendste Bedürfnis des modernen Lebens oder der modernen Kirche darstellt. Aber obwohl der Ruhetag nicht am wichtigsten ist, ist er dennoch ein unverzichtbarer Bestandteil des geistlichen Lebens eines Christen.

Parks brauchen den Schutz des Gemeinwesens. Dazu werden einige Regeln aufgestellt: kein Feuer entzünden, keine Schnellstraßen, keine Feuerwehrstation, Hunde sind an der Leine zu führen. Natürlich hat jede Regel Ausnahmen. Auf einem Schild steht zwar: „Blumen pflücken verboten!", aber wer würde sich beschweren, wenn ein Kind ein Sträußchen Löwenzahn pflückt? Wir wären vielleicht gegen die Eröffnung eines Fast-Food-Restaurants, würden uns aber über einen Eiskremverkauf am Samstag und Sonntag freuen. Eine Schnellstraße würde den Park sicherlich ruinieren, aber gepflasterte Wege erleichtern den Familien den Zugang zu den Picknickplätzen.

[2] Siehe www.ekd.de/sonntagsruhe/archiv/texte/menschen_brauchen_den_ sonntag.html.

Es gibt auch einige Regeln für den Sabbat: keine Erwerbsarbeit, keine Arbeiten am Haus, kein Ölwechsel oder Reparatur am Auto, kein Einkaufen, keine anderen Menschen für sich arbeiten lassen, kein Schulbesuch, Studium und Prüfungen, keine Sportveranstaltungen, keine Fernsehnachrichten u. ä.[3] Um das Sabbatgebot allgemein und moderner zu formulieren: Am Sabbat hören wir damit auf, unseren Platz in der Welt absichern zu wollen. Stattdessen ruhen wir in der Sicherheit, die Gott uns schenkt. Wir lassen davon ab, uns abzurackern, um Geld zu verdienen, gute Noten zu ergattern, eine Meisterschaft zu gewinnen, Shoppen zu gehen, unser Zuhause zu verschönern oder das Auto zu reparieren. All diese Dinge sind notwendig; für sie haben wir sechs Tage in der Woche Zeit. Am Sabbat lassen wir unsere Leistungen und Erfolge ebenso links liegen wie unsere Unzulänglichkeiten und Fehler und konzentrieren uns ganz auf die Leistungen und Verheißungen Gottes. Und denken wir daran: Der Sabbat ist nicht nur für uns gemacht, sondern für alle, die uns anvertraut sind.

Unverrückbare Grenzen und beständiger Einsatz für seine Erhaltung sind unerlässliche Voraussetzungen, um die Eigenart eines Parks zu bewahren. Mit dem Sabbat verhält es sich ähnlich. Wir können nur dann in den vollen Genuss seiner Segnungen kommen, wenn wir auch bereitwillig die festen Grenzen akzeptieren, die uns die Bibel vorgibt. Wenn Gott uns lediglich die Erlaubnis gegeben hätte, einen Tag frei zu nehmen, würden wir uns sicher bedanken, uns dann aber oft damit herausreden, dass wir im Moment gerade zu beschäftigt seien, um dieses Angebot in Anspruch zu nehmen. Deshalb hat uns Gott den arbeitsfreien Tag geboten (siehe 2 Mo 20,10). Er befiehlt uns, unsere Aufgaben loszulassen und uns 24 Stunden Zeit für die Gemeinschaft mit ihm und unserer Familie (einschließlich der Gemeindefamilie) zu nehmen.

Das hektische Tempo, das das Leben heutzutage bestimmt, zwingt uns vielfach dazu, Schnellstraßen durch die wenigen uns

---

[3] Ausführlich zu den Prinzipien und adventistischen Praktiken der Sabbatheiligung siehe May-Ellen Colón, *Jede Woche Urlaub mit Jesus – Praxisbuch Sabbatheiligung*, Advent-Verlag, Lüneburg 2010.

verbliebenen Freiräume zu bauen. Die kommerziellen Ansprüche und persönliche Ambitionen drohen die menschliche Landschaft völlig zu dominieren. Lassen wir nicht zu, dass dies auch in unserem Leben geschieht. Halten wir den Park frei von Schnellstraßen – und das nicht nur um unserer selbst willen. Unsere Entschlossenheit, die Parks zu bewahren, wird Rasenflächen zum Spielen, Bänke und Picknicktische, Ententeiche und Waldstücke und einen ruhigen Platz mitten im Lärm der Stadt für unsere Kinder, Enkel und Nachbarn erhalten. Indem wir den Sabbat halten, setzen wir ein deutliches Zeichen für kommende Generationen für den Schutz eines nicht hoch genug einzuschätzenden Heiligtums und einzigartigen Parks in der Zeit.

Eine großartige Leere

Zuerst kam ein heftiger Sturm, der die Berge teilte … Doch der Herr war nicht im Sturm. Nach dem Sturm bebte die Erde, doch der Herr war nicht im Erdbeben. Und nach dem Erdbeben kam ein Feuer, doch der Herr war nicht im Feuer. Und nach dem Feuer ertönte ein leises Säuseln. Als Elia es hörte … ging er nach draußen und stellte sich in den Eingang der Höhle. (1 Kön 19,11–13 NLB)

Es handelte sich zwar nicht um eine Entführung, aber ich wurde gegen meinen Willen auf dem Rücksitz eines Autos befördert. Vorne saßen zwei Frauen namens Mina und Teresa. Wir waren Studenten am Pacific Union-College in Nordkalifornien und hatten gerade Frühjahrsferien.

Die Frauen und ich hatten einen Lastwagen voll mit gespendeten Kleidungsstücken, Möbeln und Haushaltsgeräten zu einer Missionsschule für Indianer in Arizona begleitet und dort abgeladen. Nun befanden wir uns auf dem Rückweg zum College, aber Mina wollte sich unbedingt den Grand Canyon, der im Norden Arizonas liegt, ansehen. Ich war dagegen, weil es ein erheblicher Umweg war und ich so schnell wie möglich zurück zum College wollte. Der Abstecher von Flagstaff bis zum Grand Canyon würde uns Stunden kosten. Ich war zudem davon überzeugt, dass wir uns auf eine Enttäuschung gefasst machen müssten. Zwar hatte ich die schönen Bilder gesehen und Berichte gehört, konnte mir aber nicht vorstellen, dass irgendein großes Loch im Erdboden den Erwartungen gerecht werden könnte, die der Grand Canyon meistens hervorrief. Aber was sollte ich einwenden? Das Auto gehörte Mina; also fuhren wir nach Norden zum Canyon.

Ich vergrub mich in ein Buch, das ich ohnehin lesen musste. Nur ab und zu spähte ich aus dem Fenster. Was ich sah, bestätigte meinen Verdacht: nichts als Kiefernwälder – eine diffuse Masse aus Baumstämmen und Nadeln.

Ich schaute erst wieder auf, als wir am Eingang ankamen. Immer noch war nichts Besonderes zu sehen. Wir parkten unser Auto, Mina und Teresa stiegen aus. Ich blieb auf dem Rücksitz, las weiter und war nicht bereit, mich in dieses unsinnige Vorhaben hineinziehen zu lassen.

Nach einigen Minuten dachte ich jedoch: *Wenn ich schon einmal hier bin, kann ich wenigstens einen Blick darauf werfen.* Ich klappte mein Buch zu, stieg aus dem Auto und schlenderte über den Parkplatz in Richtung Grand Canyon.

Als ich am Rand des Canyons angekommen war, blieb mir der Mund offen stehen. Ich setzte mich auf einen Felsen und starrte – sprachlos vor Staunen und Ehrfurcht – hinunter. Ich vergaß alles, was ich bisher über den Grand Canyon gelesen, gesehen oder gehört hatte, denn ich war total begeistert, völlig berauscht von diesem Anblick. Andächtig verharrte ich dort, bis Mina mir auf die Schulter tippte: „Wir müssen jetzt gehen." Nur sehr widerwillig kehrte ich zum Auto zurück. Ganz gewiss würde ich bald wieder hierher kommen.

Der Sabbat ist in mancher Hinsicht wie der Grand Canyon. Der Canyon ist ein Park im Raum: Man kann seine Grenzen in der Landschaft verfolgen und auf einer Karte einzeichnen. Der Sabbat ist ein Park in der Zeit: Seine Grenzen zieht der Kalender oder wir können sie im Wochenverlauf erkennen.

Als ich den Grand Canyon zum zweiten Mal besichtigte, stieg ich über 900 Höhenmeter tief in den Abgrund zu den Indian Gardens und wanderte dann zum Plateau Point. Dieser Aussichtspunkt befindet sich am Rand der inneren Schlucht, die noch einmal mehr als 600 Meter tief geradewegs bis zum Colorado River hin abfällt.

Einige Stunden lang saß ich einfach da und ließ die Erhabenheit des Anblicks auf mich wirken. Dabei versuchte ich mir klarzumachen, dass die riesigen Gesteinswände, die mich umgaben, keine normalen Berge waren, sondern die Seitenwände eines gigantischen Grabens, in dessen Innerem ich mich befand.

Ich habe wortreiche Literatur über den Grand Canyon gelesen und entzückt auf wunderbare Fotografien und Gemälde gestarrt, aber es ist einfach unmöglich, seine Erhabenheit und seine ungeheure Größe mit Worten oder Bildern einzufangen. Nur mit eigenen Augen lässt sie sich einigermaßen ermessen. Inmitten dieser unbeschreiblichen Größe waren mir die Gegenwart und die Macht Gottes auf ganz besondere Weise spürbar.

Auch hier lässt sich wieder ein Vergleich zum Sabbat ziehen. Ganz gleich, wie viel wir schon über den Sabbat gehört oder gelesen haben – sein Wunder und seinen Wert können wir erst erkennen, wenn wir ihn selbst erleben.

Eine andere verblüffende Parallele zwischen dem Grand Canyon und dem Sabbat besteht darin, dass beide viel einfacher durch negative als durch positive Aussagen zu definieren sind.

Der Grand Canyon Nationalpark ist vor allem ein Ort, an dem die gewohnte geschäftige Betriebsamkeit ausgeschlossen ist. Es gibt kein Einkaufszentrum; der Rand des Plateaus ist nicht mit Hotels bebaut, die mit aparten Zimmern und fantastischer Aussicht locken; am Ufer des Colorado am Grund des Canyons reihen sich keine Appartementhäuser. Weder Fastfood-Restaurants noch Autowerkstätten warten auf Kundschaft. Es befinden sich zwar einige Läden, Unterkünfte und Dienste am Südrand in Grand Canyon Village, aber der übliche Kommerz bleibt außen vor.

Beachten wir, dass es keine schlechten Dinge sind, die hier fehlen. Hotels und Eigentumswohnungen, Lebensmittelläden und Einkaufszentren, Restaurants und Autowerkstätten, Schnellstraßen und Mülldeponien sind wesentliche Bestandteile unserer Gesellschaft. Für „das gute Leben“, das wir uns alle wünschen, sind sie unverzichtbar, aber wir verbannen sie aus den Naturparks, um Raum für etwas Besseres zu schaffen, das durch den Druck, den der Alltagsstress, die laufenden Geschäfte und die Entscheidungen der Regierung erzeugen, verdrängt wird: ein außergewöhnliches Bewusstwerden der Größe und Gegenwart Gottes.

Genauso wie den Park kann man auch den Sabbat mit Negativaussagen beschreiben, wie es im vierten Gebot geschieht:

> Achte den Sabbat als einen Tag, der mir allein geweiht ist! Sechs Tage sollst du deine Arbeit verrichten, aber der siebte Tag ist ein Ruhetag, der mir, dem Herrn, deinem Gott, gehört. An diesem Tag sollst du nicht arbeiten, weder du noch deine Kinder, weder dein Knecht noch deine Magd, auch nicht deine Tiere oder der Fremde, der bei dir lebt. Denn in sechs Tagen habe ich, der Herr, den Himmel, die Erde und das Meer geschaffen und alles, was lebt. Aber am siebten Tag ruhte ich. Darum habe ich den Sabbat gesegnet und für heilig erklärt. (2 Mo 20,8–11 Hfa)

Es fällt auf, wie viel im Sabbatgebot verneinend ausgedrückt wird: Du sollst nicht arbeiten, auch nicht deine Kinder, Angestellten oder Haustiere. In einem Nationalpark ist es ähnlich: keinen Abfall wegwerfen, kein Feuer außerhalb der Grillplätze machen, keine Hunde auf den Wanderwegen mitnehmen, keine Abkürzungen durchs Gelände nehmen, nicht abseits der Straßen fahren. Die Verbote sind notwendig, damit alle die Naturwunder des Nationalparks in vollen Zügen genießen können. Die gelben Bögen des McDonald's-Logos würden die Aussicht von der Südkante des Grand Canyons nicht verschönern; durch ein Netz von Straßen und Brücken würde der Canyon bestimmt nicht großartiger; und wenn Mountainbikes und Quads die Wanderwege rauf und runter rasten, hätten Wanderer, die über die steilen Wege nach unten gehen, wohl kaum einen Sinn für die Schönheit der Natur oder die Größe Gottes.

Beim Grand Canyon-Nationalpark ist der Gedanke der negativen Definition noch weiter gefasst als bei anderen Nationalparks. Man besucht zum Beispiel den Yellowstone-Nationalpark, um Geysire, Elche oder Bisons zu beobachten; der Park zeichnet sich durch das aus, was sich dort befindet. Im Great Smoky Mountains-Nationalpark im Südosten der USA bewundert man vor allem den imposanten Gebirgszug der Appalachen. Aber was den Grand Canyon so besonders macht, ist gerade das, was nicht da ist. Die atemberaubende Naturlandschaft wird durch das Fehlen von großen Massen von Felsgestein im Grand Canyon erzeugt. Er ist quasi nichts anderes als eine großartige Leere.

Auch der Sabbat ist eine solche großartige Leere. Das Auffälligste am Sabbat ist das, was fehlt: die übliche Geschäftigkeit und die Anforderungen des Alltags. Wir stehen nicht unter dem Druck, den Lebensunterhalt verdienen, das Haus in Ordnung halten, die Gartenarbeit erledigen oder das Auto reparieren zu müssen. Sabbathalter machen die Erfahrung, dass ihr geistliches Leben und ihre zwischenmenschlichen Beziehungen an diesem Tag besonders gesegnet sind; Außenstehende, die den Sabbat nicht halten, bemerken vor allem das, was fehlt. Ihnen fällt auf, was wir an diesem Tag nicht tun.

Da wir am Sabbat weder arbeiten noch für die Schule lernen oder fürs Studium büffeln, entsteht eine Leere, die von dem schönen Bewusstsein der Liebe und Gegenwart Gottes erfüllt werden kann. Das vierte Gebot befreit jeden siebenten Wochentag von einer großen Menge an Arbeit und Stress, Verpflichtungen und Hektik, und erklärt ihn zu einem geheiligten Raum in der Zeit, der uns Ruhe schenkt und uns innerlich erneuert.

Natürlich ist Gott immer und überall gegenwärtig; er ist nicht auf den Sabbat beschränkt. Der Sabbat befreit uns jedoch von den Anforderungen und dem Druck des täglichen Lebens und ermöglicht uns eine außergewöhnliche Gemeinschaft mit unserem Schöpfer und Erlöser. Er ist wirklich eine großartige Leere.

Gottes Ehering

Ich gab ihnen meinen Sabbat als Bundeszeichen zwischen ihnen und mir. Daran sollte man erkennen, dass ich, der Herr, es bin, der sie heiligt. (Hes 20,12 NLB)

Es ist ein wunderbarer Frühlingstag; die Sonne wirft ihre wärmenden Strahlen in den Innenhof, wo Janet Petunien und Löwenmäulchen in Terrakottatöpfe pflanzt. Nachdem sie die Erde im letzten Topf festgedrückt hat, streicht sie mit dem Handrücken ihr Haar zurück und betrachtet ihre Finger. Dann reibt sie die Erde von ihrem Ehering. Dessen mattgoldener Glanz erinnert sie daran, wie sie Andrew kennenlernte.

Damals arbeitete Janet als Bedienung in einem einfachen italienischen Restaurant, nur einen Block entfernt vom städtischen Krankenhaus. Es war nicht der Job, von dem sie geträumt hatte, als sie ihren Heimatort nach dem ersten Jahr auf dem College verlassen hatte. Eigentlich wollte sie Schauspielerin werden. Sie wusste, dass es nicht einfach werden würde. Sie hoffte, als Sekretärin arbeiten zu können, um ihren Lebensunterhalt zu verdienen, und wollte sich gleichzeitig um ihre Schauspielkarriere kümmern. Jedoch gelang es ihr nur, befristete Jobs zu bekommen – und oft nicht einmal die. Bei einem Vorsprechtermin lernte Janet einen Mann kennen, mit dem sie sich einige Male verabredete. Als sie kein Geld mehr für eine weitere Woche in ihrer billigen Unterkunft hatte, traute sie sich nicht, zu Hause anzurufen und ihre Eltern um Hilfe zu bitten. Deshalb zog sie zu dem jungen Mann.

Sie lebten erst drei Monate zusammen, als er sie zum ersten Mal schlug. Er war völlig zerknirscht und versprach, dass es nie wieder vorkommen würde. Aber es geschah erneut – gewöhnlich, wenn das Geld knapp wurde. Also hatte sie den Job in dem italienischen Restaurant angenommen, wo sie zwar nur ein geringes, aber regelmäßiges Gehalt bekam. Und manchmal waren die Trinkgelder recht gut.

Eines Nachts kam ihr Freund wieder einmal betrunken nach Hause. Sie gerieten in Streit, und ehe sie sich's versah, hatte er sie wieder geschlagen. Erneut endete es damit, dass er sie schluchzend um Verzeihung bat. In seine Arme gekuschelt schlief sie ein. Er hatte ihr nichts gebrochen, und sie war in der Lage, am Morgen aus dem Bett zu steigen. Sie tat ihr Möglichstes, um ihre blauen Flecke mit Schminke zu kaschieren, und ging zur Arbeit.

Zur Mittagszeit war das Restaurant immer gut besucht. Die Kundschaft bestand vor allem aus Ärzten, Krankenschwestern und Angehörigen von Patienten des nahegelegenen Krankenhauses. Andrew war mit einigen anderen Assistenzärzten zum Mittagessen dort. In der Hoffnung auf ein Trinkgeld scherzte Janet ein wenig mit ihm. Eigentlich war es eher ein Flirten. Sie brauchte das Geld einfach.

Die Ärzte erhoben sich und verließen das Restaurant, aber Andrew ging zurück in die Küche, um mit Janet zu sprechen.

„Geht es Ihnen gut?“, fragte er.

„Natürlich! Es ging mir nie besser“, antwortete sie flapsig.

„Wissen Sie, ich arbeite in der Notaufnahme“, erklärte er ihr. „Sie haben sich mit Ihrem Makeup viel Mühe gegeben, aber ich erkenne sofort, wenn jemand geschlagen wurde. Ich mache mir Sorgen um Sie. Ich möchte Sie nicht eines Tages bei mir in der Notaufnahme sehen. Mir ist es lieber, wenn ich Sie hier treffe. Also passen Sie bitte auf sich auf, ja? Sie dürfen nicht zulassen, dass irgendjemand Sie schlägt. Holen Sie sich Hilfe, bevor Sie umgebracht werden. Okay?“

Dann war er verschwunden.

Es stellte sich heraus, dass Andrew gerade sein letztes Jahr als Assistenzarzt in der Notaufnahme absolvierte. Er war Single. Immer wieder kam er in seiner Mittagspause in das Restaurant.

Mittlerweile ist Janet zwölf Jahre glücklich mit ihm verheiratet, aber noch heute wundert sie sich darüber, wie es dazu gekommen ist. Was hatte er in ihr gesehen? Was hatte er hinter dem Makeup einer Frau entdeckt, die von ihrem Freund geschlagen wurde?

Dank Andrews Ermutigung und finanzieller Unterstützung konnte Janet zurück an ein College gehen und dort ihren Abschluss in Kunstwissenschaft machen. Seine alteingesessene Familie aus Connecticut hat sie herzlich aufgenommen. Ihre drei Kinder machen ihr Freude. Ihr Mann hat eine gutgehende Praxis.

Sie ist wohlhabend, gesellschaftlich gut situiert und psychisch heil geworden – alles durch die Liebe ihres Mannes. Daran denkt sie jedes Mal, wenn sie ihren Ehering sieht.

Der Sabbat ist der Ehering Gottes; eine Erinnerung daran, dass er unbegreiflicherweise an seiner Liebe zu uns festhält. Er ist ein Symbol unserer Vorrechte als Gottes erwähltes Bundesvolk. Durch unsere Sabbatheiligung verkünden wir der Welt unsere Liebe und Bewunderung für unseren himmlischen Ehemann.

Gott erklärte dem Propheten Hesekiel über die Israeliten:

> Ich gab ihnen meinen Sabbat als Bundeszeichen zwischen ihnen und mir. Daran sollte man erkennen, dass ich, der Herr, es bin, der sie heiligt … Und haltet meinen Sabbat heilig, denn er soll ein Bundeszeichen zwischen mir und euch sein. Daran wird man erkennen, dass ich, der Herr, euer Gott bin. (Hes 20,12.20 NLB)

Das Wort *heiligen* bedeutet aussondern. Gott heiligte sein Volk, das heißt: Er sonderte es aus, damit es mit ihm eine besondere Beziehung eingehen konnte. Er schenkt uns den Sabbat, damit wir seine Liebe bewusster wahrnehmen können und dieses Bewusstsein in einer Welt, in der wir täglich das Gegenteil von Liebe erleben, lebendig bleibt. Der Sabbat erinnert uns daran, wo wir herkommen und was Gott mit uns vorhat.

Der Sabbat feiert Gottes Initiative und seine Pläne für seine Beziehung zu den Menschen. Niemand beschwert sich, wenn sein Partner gutaussehend, klug, liebevoll, einfühlsam und womöglich noch wohlhabend ist. Aber die Bibel sagt, dass Jesus kam und um uns warb, obwohl wir armselig und geschunden waren. Er fand uns, als wir mit einem gewalttätigen Mann zusammenlebten und in einem billigen Lokal bedienen mussten. Es machte ihn traurig, dass wir geschlagen wurden. Er sah in uns eine Schönheit, die ein Spiegel nicht zeigen kann. Er gewann unser Herz und machte uns zu seinem Eigentum.

Alles dies symbolisiert der Sabbat.

> Gott aber hat uns seine große Liebe gerade dadurch bewiesen, dass Christus für uns starb, als wir noch Sünder waren. (Röm 5,8 Hfa)

> Doch dann zeigte Gott, unser Retter, uns seine Freundlichkeit und Liebe. Er rettete uns, nicht wegen unserer guten Taten, sondern aufgrund seiner Barmherzigkeit. (Tit 3,4–5 NLB)

> Der Menschensohn ist gekommen, um die Verlorenen zu suchen und zu retten. (Lk 19,10 GNB)

Diese Bibeltexte sprechen eine der zentralen Wahrheiten des Sabbats aus: Gott will uns; es macht ihm Freude, uns zu retten.

Auf den ersten Blick scheint der Sabbat ziemlich willkürlich gewählt zu sein. Warum der siebente Tag der Woche? Tag, Monat und Jahr ergeben sich aus einem einfach zu beobachtenden, natürlichen Rhythmus; aber worauf basiert die Woche? Trotz beträchtlicher Bemühungen der Gelehrten, den historischen Ursprung für die Sieben-Tage-Woche zu finden, bleibt es bei dem immer noch aussagekräftigsten Hinweis, dass sie ihre Wurzeln in dem israelitischen Brauch des Sabbathaltens hat. Und die Israeliten hielten den Sabbat, weil Gott ihnen geboten hatte, am siebenten Tag zu ruhen. Die Gesellschaft hat ihre Woche, und Gläubige haben ihren Sabbat aufgrund des willkürlichen Gebotes Gottes, den siebenten Tag frei zu halten von aller Arbeit.

Ich benutze das Wort willkürlich bewusst, um zu provozieren. Ein viel besseres Wort ist persönlich. Der Sabbat ist ein *persönlich* ausgewähltes Geschenk Gottes an sein erwähltes Volk. Sein Reiz liegt zum Teil in seiner persönlichen, man könnte fast sagen eigentümlichen, Natur – wie Janets Ring.

Janet hätte bei einem Juwelier einen Ring kaufen können, der ihr den Anschein gegeben hätte, verheiratet zu sein. Aber kein Ring, den sie selbst gekauft hätte, wäre wie ihr Ehering ein Zeichen der Liebe und Zuneigung ihres Ehemannes. Ihr Mann hat sie erwählt und ihre Liebe gewonnen, und er hat den Ring ausgesucht und gekauft. Nur er könnte ihr einen adäquaten Ersatz für diesen Ring beschaffen – einen, der ebenfalls die Bedeutung hätte, dass er sie persönlich (willkürlich) zu seiner Ehefrau erwählt hat.

So ist es auch mit dem Sabbat. Der Sabbat als Zeitraum an sich ist nichts Besonderes. Er ist wie jeder andere Tag auch – nur dass hinter dem Sabbat die Absichten und das persönliche Handeln Gottes stehen. Jeder Tag der Woche, den wir uns frei nehmen – egal, welcher – hat viele der Vorteile und des Nutzens des Sabbats. Jeder freie Tag könnte uns Entspannung von der täglichen Arbeit und der Belastung durch den Stress, dem viele dabei ausgesetzt sind, bieten. An jedem beliebig vereinbarten Tag könnten wir gemeinsam Gottesdienst halten. Irgendein Tag ist besser als kein Tag.

Ein Ersatzsabbat kann jedoch niemals die persönliche Botschaft der göttlichen Liebe vermitteln, die unser Schöpfer ausschließlich in den von ihm bestimmten Ruhetag gelegt hat. Dies ist das Hauptargument gegen den Sonntag als Ruhetag anstelle des Sabbats. Der Sonntag eignet sich zum angemessenen Gedenken an Jesu Auferstehung und auch für Gottesdienste; aber er ist von Gott nicht mit dem ausgestattet worden, was die Bibel mit dem Sabbat verbindet. Die Sonntagsfeier ist ein Geschenk der Christen an Gott, aber durch ihn die göttliche Gabe des Sabbats zu ersetzen, grenzt an ein Sakrileg.

Der Sabbat ist Gottes Ehering, der uns daran erinnert, was Gott für uns getan hat. Er ist ein Symbol seiner beständigen, treuen Liebe und das Versprechen für eine gemeinsame Zukunft in Ewigkeit. Er ist einer der großen Schätze, den wir Adventisten haben – und zu kostbar, um ihn ausschließlich für uns zu behalten.

TEIL IV

Das Gesetz –
das Gerüst der Gnade

Eine gute und wünschenswerte Gesetzlichkeit

Wie sehr liebe ich dein Gesetz; den ganzen Tag denke ich darüber nach … Ich habe mehr begriffen als alle meine Lehrer, denn ich mache mir ständig Gedanken über deine Ordnungen.
(Ps 119,97.99 Hfa)

Eine tiefe Wertschätzung des Gesetzes Gottes war schon seit den frühesten Tagen unserer Bewegung ein besonderes Kennzeichen des adventistischen Denkens. Obwohl die Wichtigkeit des Gesetzes zeitweise von uns Adventisten mit ungesunden Auswirkungen zu sehr betont wurde, ist die Respektierung der Gebote Gottes nach wie vor ein herausragender Bestandteil der adventistischen Religiosität.

Wer die Länder Lateinamerikas, Afrikas oder des Nahen Ostens kennt, der weiß, dass ihre Einwohner mindestens genauso großzügig, edel und tugendhaft sind wie die Menschen in der westlichen Welt – vielleicht sogar mehr als sie. Aber die Politik, die Wirtschaft und die Gerichtsbarkeit funktionieren in diesen Regionen tragischerweise sehr unzureichend – und das ist vor allem auf eine schwache Rechtsordnung zurückzuführen. In diesen Gesellschaften sind persönliche Beziehungen von überragender Bedeutung.

Wenn das Gesetz einer persönlichen Vorteilnahme aufgrund der eigenen Position nicht Einhalt gebietet und Menschen ohne Einfluss und Beziehungen den legalen Schutz verwehrt, leidet die ganze Gesellschaft darunter. Vor diesem Hintergrund erscheinen die relativ strengen Gesetze und Gerichte in der westlichen Welt eine gute und wünschenswerte Art der Gesetzlichkeit zu sein.

Aber nicht nur der zivile und wirtschaftliche Bereich einer Gesellschaft befindet sich in einem gesünderen Zustand, wenn Recht und Gesetz geachtet werden, sondern auch bei der Sexualität, die das tiefste Empfinden enger Gemeinschaft und Intimität zweier

Menschen vermittelt, kommt es häufig zu Störungen und gar Missbrauch, wenn sie sich nicht im Rahmen der Eheordnung Gottes abspielt. Und selbst ein Frucht bringendes geistliches Leben ist abhängig von einer auf das Gesetz Gottes gegründeten Einstellung und Lebensweise.

Was ist das Gesetz Gottes?

Unter Gesetz verstehen wir hier natürlich zuerst die Zehn Gebote. Wir Adventisten sind dafür bekannt, dass wir sie stark betonen, weil sie in der Bibel eine einzigartige Stellung einnehmen und das Sabbatgebot, das das Erkennungszeichen unserer Kirche ist, für uns eine große Bedeutung hat. Aber das Gesetz Gottes beinhaltet auch die Gebote, Gott über alles zu lieben und den Nächsten wie sich selbst (Mt 22,36–40), einander zu vergeben (Lk 17,3–4), sich gesund zu ernähren (3 Mo 11) und viele andere Verhaltensregeln. Wenn Adventisten von „dem Gesetz" sprechen, meinen sie oft die grundsätzliche Vorstellung von richtig und falsch. „Gesetz" ist ein Synonym für die Verpflichtung, das Richtige zu tun. Es ist das, was Gott von uns fordert und was Andere von uns erwarten. Letztendlich ist es deckungsgleich mit den Moralgeboten, die universell gültig sind.

Ein Hauptthema der adventistischen Theologie (sowohl bei konservativen als auch bei liberalen Adventisten) ist die Auffassung, dass das Sittengesetz den Naturgesetzen entspricht. Die moralischen Gebote sind keine willkürlichen Aussagen Gottes oder Christi darüber, was man tun sollte, sondern beschreiben vielmehr die fundamentale spirituelle Struktur des Universums. Böse Taten haben natürlicherweise negative Folgen; gute Taten wirken positiv und Leben erhaltend. Das Gesetz Gottes ist daher weder willkürlich noch veränderbar. Nach dieser Auffassung ist das Gesetz gleichermaßen imperativ (es sagt, was wir tun sollen) und deskriptiv (es beschreibt, welches Verhalten positiv ist).

In diesem Sinne sind die moralischen Gebote nicht selbst das Gesetz, sondern sie bezeugen es. Für mich erklärt dies die Bedeutung der Worte von Jesus, das ganze Gesetz und die Propheten „hänge" an den beiden Geboten der Gottes- und Nächstenliebe (Mt 22,40). Eine großartige Hilfe, um den inneren Zusammenhang der verschiedenen moralischen Gebote zu verstehen, gibt uns Alden Thompson mit seiner „Gesetzespyramide“: Das Kernprinzip der Liebe drückt sich zuerst in den beiden Geboten aus, Gott von ganzem Herzen und seinen Nächsten wie sich selbst zu lieben. Diese beiden Gebote sind dann spezifiziert in den Zehn Geboten, und die werden wiederum in den vielen Geboten des „Heiligkeitsgesetzes“ ausgeführt (siehe z. B. 3 Mo 18,6–23 als Ausführung des siebenten Gebots).[1] Solche Gebote für ein „geheiligtes“ christliches Leben finden wir nicht nur im 2. bis 5. Buch Mose, sondern auch in den Evangelien (speziell der Bergpredigt) und in allen Briefen der Apostel. Manche davon sind zeitbedingt, manche zeitlos gültig.

In diesem umfangreicheren Sinn verstanden ist das Gesetz unverzichtbar für ein gesundes soziales und geistliches Leben und für das einwandfreie Funktionieren einer Gesellschaft. Nahezu jedes menschliche Handeln wird vom Gesetz Gottes berührt. Es ist so sehr ein Teil von uns Christen (siehe Jer 31,33b; Hbr 8,10), dass wir uns normalerweise seiner Existenz gar nicht bewusst sind.

Im Vergleich zu grundlegenden Prinzipien müssen Regeln für bestimmte Lebensbereiche genauer formuliert sein, damit wir verstehen können, wie sie in unserem Leben im konkreten Fall jeweils anzuwenden sind; andererseits müssen Regeln, wenn sie uns zum Gehorsam anspornen wollen, auf umfassenden Prinzipien beruhen.

Paulus sprach sich nachdrücklich gegen eine die Seele abtötende Gesetzlichkeit aus (z. B. in Gal 3,10–14) und schrieb vom „Gesetz des Geistes, der lebendig macht in Christus“ (Röm 8,2). Das bedeutet: Auch ein lebendiges und freies geistliches Leben ist von einer gesetzmäßigen Ordnung und Harmonie geprägt.

Das Gesetz und Gott

Manche Menschen haben ein instinktives, tiefes Vertrauen zu Gott: „Gott hat es gesagt. Ich glaube es. Das ist mir genug.“ Ein solcher Glaube ist einfach und unbeschwert. Für viele jedoch ist die Frage,

---

1 Siehe Alden Thompson, *Sind Propheten unfehlbar?*, Advent-Verlag, Lüneburg 2007, S. 130f.; oder Harald Weigt, *So verhalte ich mich richtig!?*, Advent-Verlag, Lüneburg 2008, S. 34f.

ob Gott wirklich vertrauenswürdig ist, sehr problematisch. Ist Gott wirklich gut? Ist er tatsächlich gerecht? Die Beschäftigung mit diesen Fragen war deshalb schon immer ein Hauptgegenstand adventistischer Theologie.

Wir Adventisten glauben, dass das Gesetz in seiner fundamentalen Form nicht aus willkürlich auferlegten, göttlichen Regeln besteht; vielmehr umschreiben die Prinzipien des Gesetzes Gottes sein Wesen und seine Handlungsweise – oder um es mit Ellen G. White zu sagen: „Gottes Gesetz ist heilig wie er selbst. Es ist … eine Umschreibung seines Wesens."[2]

Gott hat nicht Recht, weil er es lediglich behauptet, sondern Gott ist im Recht, weil seine Forderungen absolut deckungsgleich mit seinem Wesen und seinem Handeln sind. Die moralische Struktur des Universums spiegelt den Charakter Gottes wider. In unserem innewohnenden Empfinden für Gut und Böse drückt sich das Wesen Gottes aus.

Gott selbst handelt innerhalb von Grenzen oder Prinzipien. Er muss recht und gerecht handeln – nicht lediglich in dem Sinne, dass alles, was er tut, richtig sein muss, sondern er muss sich an die Normen halten, die er selbst in seiner Schöpfung ausgedrückt hat und die unsere besten Gedanken lenken.

Eine Richtung der christlichen Theologie behauptet, dass menschliche Fragen zur Gerechtigkeit Gottes schlicht irrelevant seien. Wenn Gott etwas richtig nenne, dann sei das so, weil Gott es sagt. Es gäbe keine objektiven, universellen Kriterien, aufgrund derer der Schöpfer beurteilt werden dürfe. Wir Adventisten glauben hingegen, dass die Bibel zeigt, wie wichtig unsere Fragen sind. Die Frage nach der Gerechtigkeit Gottes wird beantwortet werden, bevor die menschliche Geschichte zu Ende kommt und wir in die ewige Seligkeit eingehen (mehr dazu im nächsten Teil). Das Gesetz mag eine Schöpfung Gottes sein, aber weil er es geschaffen hat, definiert sich das Wesen Gottes auch zum Teil durch das Gesetz; und er selbst wird es nicht übertreten.

---

2 *Patriarchen und Propheten,* Saatkorn-Verlag, Hamburg 1973, S. 28.

Das Knochengerüst der Schönheit

Ich sammle Knochen. Im Laufe der Jahre habe ich Schädel von Hirschen, Elchen, Luchsen, Ratten und Mäusen zusammengetragen. Ich bewahre Rippen, Wirbel-, Hüft-, Finger- und Beinknochen verschiedener Tiere auf. Die Massivität des Oberschenkelknochens eines Elches fasziniert mich genauso wie die Zartheit eines Mäuseschienbeins. Knochen sind einfach schön! Aber ihre Schönheit verblasst im Vergleich zur formvollendeten Anmut der Körper, deren Gerüst sie sind.

Nach einem Gottesdienst unterhielt ich mich mit einem Freund auf dem Parkplatz. An dessen Ende plauderte ein mir bekanntes junges Pärchen miteinander. Er hatte ein tolles Auto, und sie saß auf dem vorderen Kotflügel. Man konnte sehen, dass sie sich mochten. Ich fragte mich, ob ich hier Zeuge einer ganz normalen Unterhaltung oder einer aufkeimenden Liebesbeziehung war. Es fiel mir nicht leicht, mich auf mein eigenes Gespräch zu konzentrieren, und ich bemerkte, dass es meinem Freund ebenso erging. Die Wahrheit ist, dass wir weder auf das Auto noch auf den jungen Mann schauten; unser Problem war, dass die junge Frau sehr lange Beine hatte und einen kurzen Rock trug. Diese Kombination verfehlte ihre voraussehbare Wirkung nicht. Trotz all meiner Begeisterung für Knochen würde niemand annehmen, dass ich wegen des Schienbeins, der Kniescheibe und des Oberschenkelknochens der jungen Frau quer über den Parkplatz schielte. Aber obwohl ich nicht auf die Knochen achtete, hing die betörende Schönheit, die meinen Blick fesselte, doch völlig von der Festigkeit eines intakten Knochengerüsts ab. Menschen sind körperlich nur gesund und schön, wenn auch ihre Knochen stabil sind.

Ganz anders ist mir die Begegnung mit einer jungen Frau namens Gloria zu Beginn meines Dienstes als Pastor in Erinnerung. Ihr Lachen war einfach bezaubernd. Sie war aufgeweckt und fröhlich, aber nicht schön anzusehen. Ihre Schwester war groß, schmal und feingliedrig, doch Gloria war klein, pummelig und wirkte plump. Nur mithilfe von Krücken konnte sie sich in ihrer Wohnung bewegen; außer Haus brauchte sie einen Rollstuhl. Wenn man nicht ihre Stimme hörte oder ihre Augen sah, konnte man nichts Attraktives an ihr finden. Ihr Problem war, dass sie unter Osteogenesis imperfecta, der sogenannten Glasknochenkrankheit, litt. Bei dieser erblichen Krankheit haben die Knochen eine sehr geringe Dichte und brechen schon unter sehr wenig Druck. Die meisten Erkrankten sterben leider früh. Um gesund und schön zu sein, brauchen wir eben ein starkes Knochengerüst.

Das Gesetz Gottes dient als das Knochengerüst des geistlichen Lebens. Spiritualität ist in unserer Vorstellung oft mit Verzückung, erstaunlichen Geschehnissen und Wundern verbunden; aber das Leben der meisten Christen zeichnet sich nicht durch magische Ereignisse oder ständige Begeisterung aus. Manchmal scheint Gott sehr fern zu sein; die Bibel kommt uns zuweilen uninteressant oder unwahr vor, und der Glaube an Jesus als Erlöser scheint ein Hirngespinst zu sein. In diesen geistlichen „Trockenzeiten" ist das Knochengerüst unserer geistlichen Gewohnheiten und unserer religiösen Routine unverzichtbar.

Ich will natürlich nicht behaupten, dass Gesetz und Pflichtausübung wichtiger sind als Liebe und Glaube – das wäre töricht. Niemand verliebt sich in ein Knochengerüst. Geistliche Disziplinen sollen nicht das Wesentliche unseres spirituellen Lebens sein. Der Zweck des Knochengerüstes ist es, die Lebensdauer und die anmutige Erscheinung eines Körpers zu erhalten. Die Rolle der Pflichten und der geistlichen Disziplinen ist es, dem Glauben, der Hoffnung und der Liebe einen festen, stützenden Rahmen zu geben.

Einer meiner Freunde argumentierte einmal, dass echtes Christentum nichts mit Pflichtausübung zu tun habe. Ein Nachfolger von Jesus solle niemals etwas tun, nur weil es von ihm erwartet werde. Stattdessen sollten authentische Christen nur Dinge tun, die sich aus einem spontanen und freudigen Impuls heraus ergäben.

Aber damals war er noch nicht Vater geworden. Volle Windeln zu wechseln, um drei Uhr morgens Erbrochenes aus dem Kinderbett zu entfernen oder einem weinenden Teenager einen Wunsch abzuschlagen fühlt sich nicht nach einem „spontanen und freudigen Impuls" an. Das sind Liebestaten, die unserem tiefsten Bedürfnis entspringen, unseren Kindern Gutes zu tun. Aber manchmal tun wir sie nur, weil es gerade das Richtige ist, und nicht, weil wir uns in diesem Moment danach fühlen. Wenn wir an Liebe denken, kommt uns nicht als erstes in den Sinn, einen uns nahestehenden Menschen bei seinem Kampf gegen den Krebs zu begleiten oder jahrelang einen Alzheimer-Patienten auf seinem langen Weg in das Vergessen. Wir denken nicht an die ungeheuer schmerzvollen Anstrengungen, die es kostet, nach einer Affäre die eigene Ehe wieder neu zu beleben. Aber all dies geschieht genauso aus Liebe, wie Küsse und Geburtstagsgeschenke, Blumen und aktives Zuhören Zeichen von Liebe sind.

Irgendwann im Verlauf einer Ehe trifft fast jeder einmal jemanden, der begehrenswerter erscheint als der eigene Ehepartner. Manchmal sind es nur die Worte des Gebotes „Du sollst nicht ehebrechen", die eine Ehe vor dem Scheitern bewahren. Es ist offensichtlich, dass eine Ehe, die nur aus Pflichtgefühl fortgesetzt wird, in keiner Weise Gottes Ideal entspricht. Gottes Absicht ist, dass das Verhältnis von Mann und Frau ein Abbild der liebevollen und fürsorgenden Beziehung von Jesus zu seiner Gemeinde darstellt (Eph 5,24–33). Aber eine 50-jährige Ehe voller gegenseitiger Zuneigung und geteilter Erfahrungen und Erlebnisse wird es nicht geben, wenn das Ehepaar in Zeiten der Spannungen oder Versuchungen es nicht zulässt, dass das Gesetz Gottes sie auf dem rechten Weg hält und damit ihre Ehe erhält. Das Gebot kann nicht Liebe hervorrufen oder gute, innige Beziehungen aufbauen; aber das Gesetz kann einen Zaun errichten, der den Garten der Liebe vor Übergriffen von Konkurrenten oder unweisen Handlungen infolge von aufwallenden Hormonen, Langeweile oder Erschöpfung schützt.

Das Gesetz Gottes ist ein Freund der Liebe. Echte Liebe braucht das Gerüst der Hingabe und Verpflichtung und die Gewohnheiten der gegenseitigen Fürsorge.

Das Seil der Gnade

Du machst mich mit deinem Gebot weiser, als meine Feinde sind; denn es ist ewiglich mein Schatz … Großen Frieden haben, die dein Gesetz lieben; sie werden nicht straucheln. (Ps 119,98.165)

Ich wuchs – wie bereits erwähnt – in Memphis auf, einer Stadt in Tennessee, wo es viele Bäume gibt. Von klein auf übte ich mich im Klettern. Als ich später in die Nähe von Felsklippen zog, wurde ich bald süchtig. Sogar jetzt noch, wenn ich einen Felsblock oder eine Felswand sehe, juckt es mich in den Beinen. Ich fühle es in meinen Fingern: Sie wollen nach Greifmulden tasten; sie sehnen sich nach der rauen Struktur und der Festigkeit des Felsens. Aber seltsamerweise verbinden sich meine lebhaftesten Erinnerungen an Klettererlebnisse mit Momenten der Todesangst.

Mein bester Freund in der Grundschule war mein Cousin Rick; seine Mutter Velma war meine Lieblingstante. Eines Sommers lud sie mich ein, mit ihnen nach Kalifornien zu fahren.

Ein paar Tage verbrachten wir in einer Hütte in den Bergen oberhalb von San Bernardino. Bei unseren Ausflügen fühlten Rick und ich uns von den Felsen rund um einige Wasserfälle magisch angezogen. Ich erinnere mich, wie ich einmal an einer Felskante über den Wasserfällen entlang kletterte: Den Rücken fest an das Gestein gepresst, schob ich mich den Felssims entlang, während ich dabei vorsichtig nach unten in das Wasserbecken am Fuß des Felsens spähte.

Dann geschah es: Ich lehnte mich zu weit nach vorne; als ich in das zerstiebende Wasser blickte, verlor ich das Gleichgewicht. Ich glaubte schon zu fühlen, wie ich nach unten fiel. Und ich konnte nichts tun: Ich konnte mich nicht mit den Füßen abfangen, weil vor mir nichts als Leere gähnte, und weil es hinter mir nichts gab, woran ich mich festhalten konnte. Ich weiß noch, dass ich dachte: *Jetzt ruinierst du Tante Velmas Urlaub!*

Dann fühlte ich plötzlich, dass da jemand war. Ich spürte einen Druck, der mich zur Felswand hin schob. Daher fiel ich nicht.

Als ich wieder atmen konnte, tastete ich mich zurück, bis ich auf sicherem Grund stand. Ich versprach mir, dass ich mich nie wieder in solch eine missliche Lage bringen würde.

Aber es war unmöglich, mein Wort zu halten; meine Klettersucht war stärker. Mit meinen Brüdern kletterte ich einmal den Big Sur an der kalifornischen Südküste entlang. Sehr lebhaft steht mir auch noch vor Augen, wie ich mit drei Freunden aus dem Theologischen Seminar einen Felsgrat in Südfrankreich erkletterte. Am anschaulichsten aber entsinne ich mich an den geschilderten Schrecken, beinahe abgestürzt zu sein.

Ich heiratete, und ich kletterte noch immer. Aber als unser erstes Kind geboren wurde, hörte ich damit auf. Meine Tochter brauchte ihren Vater, und die Art des Kletterns, die ich inzwischen praktizierte, war sehr riskant. Sie wird Free Solo genannt: nur der Fels und ich, meine Finger, Zehen und Ellbogen gegen die Schwerkraft – ohne Absicherung. Wenn ich falle, falle ich.

Aber noch einmal geschah es. In der Nähe von Dayton in Ohio gibt es einen Naturpark mit nur 6 bis 9 Meter hohen Felswänden. Als meine Frau und ich dort durch die Schlucht wanderten, stießen wir auf eine Gruppe von Kletterern, die gerade eine Felswand erstiegen. Wir setzten uns auf eine Bank, um zuzuschauen. Und da juckte es mich wieder. Die Felswand schien gar nicht schwierig zu sein, denn darin befand sich eine Felsspalte, die sich bis ganz nach oben hin durchzog. Wir hatten noch nicht lange dort gesessen, als der Betreuer der Gruppe sich an einen dabeistehenden Zuschauer wandte und fragte: „Würden Sie es gerne einmal probieren?" Anscheinend handelte es sich nicht um eine geschlossene Gruppe.

Der Mann sagte: „Ja, klar." Da wusste ich: Entweder würde ich bleiben, bis sie fertig waren, oder selbst klettern.

Der Neuankömmling ging hinüber; der Ausbilder half ihm beim Einstieg in die Wand: „Setzen Sie Ihren rechten Fuß an diese Stelle. Fassen Sie mit der rechten Hand hierhin und mit der linken dorthin. Jetzt ziehen Sie sich hoch und setzen Ihren rechten Fuß hierhin. Jetzt schieben Sie Ihre rechte Hand rüber zu dieser Felsspalte." Der Ausbilder rief weiter seine Anweisungen, während der Mann sich zentimeterweise nach oben bewegte. Knapp zwei Meter unterhalb der Felsspitze geschah es dann: Der Anfänger streckte sich gerade nach einem Halt für seine Finger aus, als sein Fuß abglitt und er nach unten stürzte.

Er fiel jedoch nicht einmal 20 Zentimeter tief, weil – bevor er auch nur einen Fuß in die Felswand setzen durfte – ihm der Ausbilder einen Sicherheitsgurt angelegt hatte. Der Gurt war an einem Seil befestigt, das durch mehrere Karabinerhaken hindurchführte und an einem Gurtband endete, das wiederum an einem großen Baum verankert war, und von dort wieder herunter in die Hände des Ausbilders führte. (Diese Vorrichtung wird unter Kletterern als Gipfelsicherung bezeichnet.) Während sein Schützling kletterte, hielt der Ausbilder das Seil den ganzen Weg nach oben einigermaßen straff und wickelte das lose Ende sorgfältig auf.

Als der Mann sich dann nicht mehr in der Wand halten konnte, rutschte er nur 20 Zentimeter tief, bis das Seil ihn abfing. Einige Augenblicke baumelte er dort wie eine Spinne am Faden, brachte dann seine Zehen und Finger zurück an den Felsen und setzte seinen Weg fort, bis er das obere Ende erreicht hatte.

Diese Begebenheit erinnert mich an eine Aussage von Paulus:

> Eure Rettung ist wirklich reine Gnade, und ihr empfangt sie allein durch den Glauben. Ihr selbst habt nichts dazu getan, sie ist Gottes Geschenk. Ihr habt sie nicht durch irgendein Tun verdient; denn niemand soll sich mit irgendetwas rühmen können. (Eph 2,8–9 GNB)

Für einen Christen gibt es nur ein Quelle der Sicherheit: Gottes Gnade, die uns wie ein Seil hält. Das Neue Testament betont aber ebenso nachdrücklich, dass Christen aufwärts klettern, nach Heiligung streben sollen. Petrus beschrieb diese sogenannte „Leiter der Heiligung" (Ellen White) folgendermaßen:

> Setzt deshalb alles daran, dass aus eurem Glauben sittliche Bewährung erwächst, aus der sittlichen Bewährung Erkenntnis, aus der Erkenntnis Selbstbeherrschung, aus der Selbstbeherrschung Standhaftigkeit, aus der Standhaftigkeit echte Frömmigkeit, aus der Frömmigkeit Liebe zu den Glaubensgeschwistern, aus der Liebe zu den Glaubensgeschwistern Liebe zu allen Menschen. (2 Ptr 1,5–7 GNB)

Das klingt so ähnlich wie die detaillierten Anweisungen des Ausbilders. Jesus möchte, dass wir die Wand hinaufklettern; er will, dass wir nach moralischer und geistlicher Vollkommenheit streben (siehe Mt 5,48). In der Bergpredigt forderte er seine Jünger auf:

> Ihr wisst, dass unseren Vorfahren gesagt worden ist: „Du sollst nicht morden! Wer einen Mord begeht, soll vor Gericht gestellt werden." Ich aber sage euch: Schon wer auf seinen Bruder oder seine Schwester zornig ist, gehört vor Gericht. Wer zu seinem Bruder oder seiner Schwester sagt: „Du Idiot", gehört vor das oberste Gericht …
> Ihr wisst, dass es heißt: „Liebe deinen Mitmenschen; hasse deinen Feind." Ich aber sage euch: Liebt eure Feinde und betet für alle, die euch verfolgen. So erweist ihr euch als Kinder eures Vaters im Himmel. (Mt 5, 21–22.43–45 GNB)

Jesus stellte an seine Jünger hohe Forderungen; er erwartete von ihnen, ein gottgefälliges und geheiligtes Leben in einer gottlosen, sündhaften Gesellschaft zu führen (Phil 2,15). Aber – und das ist für das Verständnis des christlichen Lebens entscheidend – bevor er es ihnen zur Aufgabe machte, aufwärts zu klettern, versah er sie mit der Gipfelsicherung seiner Gnade.

Die ganze Zeit, während der Mann kletterte, saß ich da und hoffte, auch zum Klettern eingeladen zu werden. Ich beobachtete, wie sie den Mann wieder auf den Boden herabließen. Dann drehte sich der Ausbilder endlich um und fragte mich. Es war schon fast peinlich, mit welchem Feuereifer ich aufsprang und hinüber an den Fuß der Felswand lief. Der Ausbilder gab mir den Sicherheitsgurt, und ich begann sofort, ihn anzulegen, aber es war verkehrt herum. Er korrigierte mich und überwachte dann genau, was ich tat. Er befestigte mich dann sorgfältig mit einem Knoten an dem Halteseil und überprüfte alle Verschlüsse und Halterungen an dem Gurtzeug. Schließlich brachte er mich an die Wand.

Wieder erteilte er die bekannten Hilfestellungen, doch ich kletterte schneller, als er mich dirigieren konnte. Während ich mich immer weiter nach oben bewegte, hörte ich die Gespräche am Boden: „Na klar ist er kein Anfänger." Ich kletterte gut – das spürte ich. Und ich merkte, dass die Zuschauer schwer beeindruckt waren.

Als ich die Felsspitze erreichte, drehte ich mich um und setzte mich auf die Kante. „Wie soll es jetzt weitergehen?", fragte ich.

„Wir können Sie am Seil herunterlassen. Sie können aber auch nach unten klettern."

„Am liebsten würde ich auf diesem Weg nach unten klettern." Ich deutete auf eine etwas abseits gelegene Route, die der Ausbilder bereits erfolglos ausprobiert hatte. Es ist immer leichter, nach oben als nach unten zu klettern. Und ich wollte die Route hinunterklettern, die der Ausbilder zuvor nicht nach oben geschafft hatte!

„Na, dann los!", rief er.

Ich begann mit dem Abstieg. Erneut schnappte ich die Kommentare auf. Ich kletterte besser als jemals zuvor in meinem Leben. Dann erreichte ich eine schwierige Stelle, an der die Felswand nach außen vorstand und sich dann wieder nach innen wölbte. Ich versuchte, um den Vorsprung herumzuklettern, und tastete verzweifelt nach Halt für meine Zehen und Finger. Es kam der Moment, wo ich rief: „Ich glaube, gleich falle ich!"

„Es ist alles in Ordnung. Ich halte Sie", beruhigte mich der Ausbilder. In diesem Augenblick erinnerte ich mich an die anderen Male, wo ich fast gefallen wäre. Immer hatte ich schreckliche Angst verspürt und war von dem Gedanken geplagt worden, meiner Tante bzw. meinen Freunden den Urlaub zu verderben. Ich durchlebte damals den reinsten Horror. Die lähmende Furcht zehrte dabei so sehr an meinen Reserven, sodass ich nicht wusste, ob ich überhaupt weiterklettern konnte.

Dieses Mal jedoch konnte ich nur lachen, und es gelang mir, meine ganze Energie darauf zu verwenden, mich eng an den Felsen zu pressen. Ich spreizte meine Finger, suchte Halt mit meinen Zehen, klammerte meine Faust an einen Felsspalt und verkeilte meinen Ellbogen an der Felswand. So schaffte ich es tatsächlich, um den Vorsprung herumzukommen. Noch ein paar Bewegungen, und ich kam unter dem Applaus der Umstehenden heil auf dem Boden an.

Worin lag der Unterschied? Warum konnte ich bis an die Grenze meiner Leistungsfähigkeit, ja sogar darüber hinausgehen? Weil ich dieses Mal durch das Seil abgesichert war. Als ich Angst bekam zu fallen, konnte der Ausbilder sie mir nehmen. Unbeschwert konnte ich mich auf meine Aufgabe konzentrieren, weil meine Sicherheit nicht von meiner Kletterkunst abhing; sie war durch das Seil in den Händen des Ausbilders garantiert.

Genau genommen war ich nicht mehr oder weniger in Gefahr als der baumelnde Neuling, der auf dem Weg nach oben abgestürzt war. Ich war nicht sicherer als jemand, der überhaupt nicht klettern konnte und über den ersten Absatz nicht hinauskam. Die Sicherheit all der Menschen, die an diesem Nachmittag die Felswand erstiegen hatten, lag in dem Seil und in den Händen, die es hielten.

Dieses Bild können wir auf unser geistliches Leben übertragen. Unsere Sicherheit ist nicht in unserer moralischen oder geistlichen Stärke oder in unserer Fähigkeit verankert, das Gesetz Gottes zu halten. Unsere Sicherheit ist seine Gnade; sie ist das Seil, das uns hält. Sie ist das Herzstück des Evangeliums – das Gegenmittel für die Angstgefühle, die typisch sind für die überkommene adventistische Gesetzlichkeit.

Der Vollständigkeit halber muss ich noch einen anderen Aspekt ansprechen. Manche Christen haben die Vorstellung, dass die Gnade die Notwendigkeit aufhebt, selbst zu klettern. Wir ruhten in Gott, wir könnten auf der Bank sitzen und die Kletterer beobachteten. Weder eigenes Bemühen und Ringen noch kreative Energie würden von uns erwartet. Das geht jedoch am Wesentlichen vorbei. Gott schenkt uns seine Gnade, damit wir klettern können! Meine Frau blieb auf der Bank sitzen und schaute zu; sie wollte nicht klettern, weil sie hochschwanger war. Und weil sie nicht kletterte, bot ihr auch niemand das Seil an. Nur diejenigen, die an diesem Nachmittag klettern wollten, wurden am Seil befestigt.

Gott bietet seine Gnade nur jenen an, die den Aufruf zur Heiligung annehmen und die sich als seine geliebten Kinder ihn zum Vorbild nehmen. Paulus schrieb:

> Wir sind ganz und gar Gottes Werk. Durch Jesus Christus hat er uns so geschaffen, dass wir nun Gutes tun können …
> Nehmt also Gott zum Vorbild! Ihr seid doch seine geliebten Kinder! (Eph 2,10; 5,1 GNB)

Unser Gehorsam ist nicht optional. Gott erwartet von uns, dass wir unsere Lebensweise nach der Weisheit ausrichten, die er uns durch das Gesetz schenkt (siehe Ps 119,98, oben zitiert); aber unsere ewige Sicherheit gründet sich nicht auf unsere eigenen Fähigkeiten oder darauf, wie gut wir unser Leben meistern. Die geistliche Lebensqualität und die Wirksamkeit unseres Dienstes am Nächsten und in der Gemeinde hängen maßgeblich davon ab, ob wir dem Gesetz Folge leisten; aber unsere ewige Sicherheit ist dadurch gewährleistet, dass wir Gott erlauben, uns in seine Gnade einzuhüllen und uns am „Baum des Lebens" (Offb 22,2) festzumachen.

Er tut das jedoch nur, wenn wir auf die Felswand zugehen und versuchen, sie zu erklimmen. Wenn wir uns dem ganz hingeben, liegen unsere Sicherheit und Geborgenheit und unsere Zukunft völlig in den Händen unseres himmlischen Ausbilders. Er hat noch nie einen Kletterer aus seiner Hand gelassen.

Der Tyrannei des Gesetzes entkommen

Du wirst mir den Weg zum Leben zeigen und
mir die Freude deiner Gegenwart schenken.
Aus deiner Hand kommt mir ewiges Glück.
(Ps 16,11 NLB)

Als Teenager versuchte ich mich manchmal in der Küche meiner Eltern. Ich fing mit den richtig komplizierten Dingen wie Haferbrei an. Sorgfältig studierte ich die Anleitung auf der Verpackung und gab dann die Zutaten in der angegebenen Menge und Reihenfolge in den Topf.

An anderen Tagen beobachtete ich meine Mutter bei der Zubereitung des Haferbreis. Sie maß überhaupt nichts ab. Sie hielt einfach den Topf einen Moment unter den Wasserhahn und fügte dann Salz hinzu, das sie zuvor mit der Hand abgemessen hatte. Wenn das Wasser kochte, schüttete sie die Haferflocken direkt aus der Schachtel hinein. Sie rührte einige Male um, mischte manchmal noch ein paar Haferflocken bei, legte den Topfdeckel drauf und servierte kurze Zeit später das Frühstück.

Genauso ging sie vor, wenn sie Kekse backte. Sie mischte Mehl und Zucker zusammen und salzte nach Gefühl. Sie nahm zwar einen Löffel für das Backpulver, benutzte aber keinen Messbecher für Milch oder Öl.

Wenn ich dagegen Kekse backen wollte, nahm ich mir das Kochbuch vor und las das Rezept mehrmals durch. Beim Abmessen strich ich das Mehl in der Tasse mit einem Messer glatt. Salz, Zucker und Backpulver wog ich genau mit einer Waage ab; für Milch und Öl kam der Messbecher zum Einsatz. Dann achtete ich darauf, dass ich den Teig – wie im Kochbuch angegeben – genau 15 Mal durchknetete.

Als Teenager in Memphis und später als Junggeselle in der eigenen Wohnung träumte ich immer davon, der Tyrannei des Kochbuchs entrinnen zu können. Am liebsten wollte ich wie meine Mutter einfach alles zusammenrühren. Also versuchte ich es – was zur Folge hatte, dass ich topfweise versalzenen Haferbrei und blechweise steinharte Kekse, die nicht einmal ein Hund hätte zerbeißen können, in den Abfall warf. Also zurück zu den Rezepten!

Erstaunlicherweise lernte ich es aber mit der Zeit. Ich kann jetzt Haferbrei ohne Anleitung zubereiten; meistens aßen ihn meine Kinder auch. Ohne das Kochbuch zu Rate zu ziehen, backe ich ziemlich gute Kekse, die ich sogar unseren Gästen anbieten kann.

Ich bin von der Tyrannei des Kochbuchs befreit!

Dieser Satz hört sich ziemlich dumm an. Wer kocht, weiß aber, wie ich es meine: Das „Gesetz" der Teelöffel und Maßeinheiten ist jetzt nicht mehr nur eine Aufschrift auf dem Haferflockenpaket, sondern es ist mir in Herz und Hände gelangt. Ob ich einen Teelöffel oder meine Hand benutze, um das Salz abzumessen; ob ich einen Messbecher nehme oder die Menge beim Hineinschütten abschätze – der Haferbrei gelingt immer, wenn die Mischung stimmt.

Es ist sicher angenehmer, die richtige Mischung im Kopf zu haben, als ein Sklave der Zahlen und Anweisungen auf der Verpackung oder im Kochbuch zu sein. Ich schütte lieber alles zusammen, als es einzeln abzumessen. Habe ich dann erst einmal die richtige Mischung verinnerlicht, kann ich meine Fantasie spielen lassen. Den Haferbrei kann ich mit Rosinen, Apfelstückchen oder Datteln verfeinern, und ich kann den Biskuitteig für eine Erdbeertorte nehmen. Dennoch erhalten wir einen schmackhaften Haferbrei oder köstliche Kekse nur dann, wenn wir annähernd die Mischung erreichen, die auf der Packung oder im Kochbuch angegeben ist.

Auf unser persönliches Leben übertragen bedeutet das: Ein gutes Leben können wir nur führen, indem wir uns den Geboten der Bibel möglichst weitgehend annähern. Sicherlich zeichnet sich ein reifer Christ nicht dadurch aus, dass er sklavisch jedes Detail des Gesetzes Gottes befolgt. Es entfaltet seine Wirkung besser als verinnerlichtes Prinzip denn als eine Sammlung von Regeln.

Wir müssen die Prinzipien des Gesetzes verinnerlichen und es nicht als eine Ansammlung von bestimmten Regeln betrachten. Und die Gebote in uns zu verinnerlichen hat Gott verheißen:

> „Doch dies ist der neue Bund, den ich an jenem Tage mit dem Volk Israel schließen werde", spricht der Herr. „Ich werde ihr Denken mit meinem Gesetz füllen, und ich werde es in ihr Herz schreiben. Und ich werde ihr Gott sein und sie werden mein Volk sein. Niemand muss dann noch seine Freunde belehren, und keiner seinen Bruder ermahnen: ‚Lerne den Herrn kennen!'" (Jer 31,33–34 NLB; vgl. Hbr 8,10)

Wer jedoch denkt, er könne ein besseres Leben führen, indem er vor der Tyrannei des Gesetzes wegläuft, wird am Ende mit versalzenem Haferbrei und steinharten Keksen bzw. einem verfehlten Leben dastehen.

TEIL V

Das Gericht Gottes – Hoffnung auf Gerechtigkeit

Gott sieht alles

Doch der Herr sprach zu Samuel: „Lass dich nicht von seinem Äußeren oder seiner Größe blenden, ich habe ihn nicht erwählt. Der Herr entscheidet nicht nach den Maßstäben der Menschen! Der Mensch urteilt nach dem, was er sieht, doch der Herr sieht ins Herz." (1 Sam 16,7 NLB)

In der Einführung dieses Buches habe ich Milton erwähnt. Er hatte erst einige Wochen die Adventgemeinde besucht, als er auch schon in sie aufgenommen werden wollte. Er war als Adventist in Kingston auf Jamaika aufgewachsen und hatte die Gemeinde als Teenager verlassen. Nun wollte er mit über 60 Jahren wieder in seine geistliche Heimat zurückkehren. Aber ich hielt ihn hin; irgendetwas stimmte nicht. Er gab mir einen guten Grund, seinen Wunsch zurückzuweisen: Dieser Gemeinde schloss man sich an, indem man regelmäßig an den Bibelgesprächskreisen teilnahm. Nach etwa zwei Monaten empfahlen dann die Mitglieder der Gruppe der Gemeinde, den Teilnehmer aufzunehmen. Milton erschien aber nie zur Sabbatschule; er kam nicht früh genug aus dem Bett.

Jeden Dienstag traf ich mich mit ihm zum privaten Bibelstudium und zum Austausch über seine geistliche Lebensführung. Zwar war er ungehalten, dass er nicht sofort in die Gemeinde aufgenommen wurde, schien aber unsere Zusammenkünfte zu genießen. Immer wieder beschwerte er sich über den Ablauf des Gottesdienstes, der seiner Meinung nach nicht so gestaltet war, wie er in einer Adventgemeinde sein sollte: Wir trafen uns nicht bereits um 9.15 Uhr zum Liedersingen, und der Missionsbericht wurde nicht vorgelesen. Mit anderen Worten: Nicht alles verlief so, wie er es aus der Adventgemeinde seiner Kindheit gewohnt war. Dennoch besuchte er weiterhin die Gottesdienste und behielt auch die privaten Gespräche mit mir bei.

Nach einigen Monaten kam Milton vorsichtig auf das schreckliche Geheimnis zu sprechen, das seine Verbitterung erklärte, die ich so häufig empfunden hatte. Kurz nachdem er Jamaika verlassen und in die USA gezogen war, kamen seine Schwester und deren Mann nach und ließen sich nördlich von New York nieder. Sie schlossen sich der örtlichen Adventkirche an; ihre Kinder wuchsen in dieser Gemeinde auf. Im Teenageralter baten die um die Taufe, aber der damalige Pastor lehnte das ab. Er war der Meinung, dass diese Gemeinde Weißen vorbehalten sei und es andere Gemeinden für Farbige gäbe, wo Miltons Nichten und Neffen sich taufen lassen könnten. Ihnen war unmissverständlich klargemacht worden, dass sie nicht erwünscht waren. Alle verließen schließlich die Adventgemeinde. Einige von ihnen wurden in Drogengeschichten verwickelt, manche kamen sogar ins Gefängnis; alle hatten sie Eheprobleme. Das Ganze führte Milton auf die demütigende Zurückweisung seitens dieser Vorstadtgemeinde zurück.

Milton hatte selbst keine Kinder. Deshalb liebte er die seiner Schwester wie seine eigenen. Es brach ihm fast das Herz, als sie ihr Leben ruinierten. Seit Jahrzehnten nährte er nun schon einen zwar verständlichen, aber selbstzerstörerischen Groll gegen diesen Pastor. Jede schlechte Neuigkeit über seine Nichten und Neffen schürte seinen Hass noch mehr.

Nun versuchte Milton, sich mit Gott zu versöhnen und die Verbindung zur Kirche seiner Kindheit wieder herzustellen. Doch im Laufe unserer vielen Gespräche wurde immer deutlicher, dass beides nicht geschehen konnte, solange er nicht bereit war, seinen Groll und seine Verbitterung loszulassen. Aber wie sollte ihm das gelingen? Wie sollte er es fertigbringen, das ungeheure Fehlverhalten dieses Pastors zu vergeben? Wäre es nicht so, als würde er dem Pastor das, was der seinen Nichten und Neffen angetan hatte, stillschweigend verzeihen oder zumindest entschuldigen? Wie könnte er zudem auf das Handeln Gottes in dieser Situation vertrauen, wo doch einer seiner eigenen Diener gesündigt hatte?

Ich sprach mit Milton ausführlich über das Gericht Gottes. Wir betrachteten Jesu klare Aussage, dass auch ein geistliches Amt und sogar das Wirken von Wundern Gott nicht über das tatsächliche Verhalten und den wirklichen Charakter von Menschen hinwegtäuschen können (siehe Mt 7,15–23). Wir lasen die warnenden Worte von Jesus, dass alle, die Kinder zum Abfall verführen, dem Verderben anheimfallen werden (Mt 18,6–9). Nach und nach konnte Milton von seinem Groll lassen und den Pastor getrost dem Urteil Gottes anheimstellen, denn für Gott spielt der Titel oder die Frömmigkeit des Mannes keine Rolle.

Schließlich wurde Milton getauft und wieder ein Mitglied der Adventgemeinde. Er gewöhnte sich nie daran, dass wir die Sabbatschule nicht so abhielten, wie er es für richtig hielt, aber Neuankömmlingen erzählte er oft, dass der Pastor ihm das Leben gerettet habe. Er war endlich frei geworden. Und ein Schlüssel dazu war die biblische Vorstellung vom Gericht Gottes.

Im Alten Testament wird das Gericht Gottes häufig als gute Nachricht dargestellt. In den folgenden Psalmtexten wird deutlich, dass die Aussicht auf das Gericht Freude und Jubel auslöst:

> Erzählt allen Völkern, dass der Herr allein König ist. Die Erde ist fest gegründet und kann nicht einstürzen. Er wird alle Völker gerecht richten. Der Himmel freue sich und die Erde juble! Das Meer und alles, was darin ist, soll seinen Ruhm verkünden! Die Felder und alles, was darauf wächst, und auch die Bäume des Waldes sollen sich freuen vor dem Herrn! Denn der Herr kommt! Er kommt, um die Erde zu richten. Er wird die Welt richten mit Gerechtigkeit und alle Völker nach seiner Wahrheit. (Ps 96,10–13 NLB)
>
> Jubelt dem Herrn zu, ihr Bewohner der Erde, seid fröhlich und lobt ihn laut! Lobt den Herrn mit der Harfe, mit der Harfe und mit schönen Liedern, mit Trompeten und Hörnern. Spielt dem Herrn, eurem König, eine fröhliche Melodie. Das Meer und alles, was darin ist, soll ihn preisen! Die Erde und alles, was auf ihr lebt, juble ihm zu. Die Flüsse sollen vor Freude in die Hände klatschen! Die Berge sollen fröhliche Lieder singen vor dem Herrn. Denn der Herr kommt, die Erde zu richten. Er wird die Welt richten mit Gerechtigkeit und alle Völker nach seiner Wahrheit. (Ps 98,4–9 NLB)

Warum herrschte so große Vorfreude auf das Gericht des HERRN? Weil es die Zeit der großen Wende ist. Die Machtlosen – die Armen, die Waisen, die Witwen und die ganze Natur – werden am Ende von der Tyrannei und Willkür der Mächtigen befreit werden. Die Bibel ist voll froher Erwartung des Tages, an dem Gott die Hohen und Mächtigen entthronen und die Unterdrückten aufrichten wird. Mit dem Gericht bricht dieser neue Tag an. Die Mutter Jesu erwartete:

> Jetzt hebt er seinen gewaltigen Arm und fegt die Stolzen weg samt ihren Plänen. Jetzt stürzt er die Mächtigen vom Thron und richtet die Unterdrückten auf. Den Hungernden gibt er reichlich zu essen und schickt die Reichen mit leeren Händen fort. (Lk 1,51–53 GNB)

Diese Umkehr der Verhältnisse ist das Ergebnis des Gerichtshandelns Gottes. In alttestamentlichen Zeiten waren es die Armen und Machtlosen, die um das Kommen des Gerichtes flehten. Sie vertrauten allein auf Gottes Gerechtigkeit und Stärke.

> Wie glücklich aber ist jeder, der den Gott Jakobs zum Helfer hat und auf ihn seine Hoffnung setzt, auf den Herrn, seinen Gott … Den Unterdrückten verschafft er Recht, den Hungernden gibt er zu essen, die Gefangenen macht er frei. (Ps 146,5–7 GNB)

In einem Psalm, der für König Salomo geschrieben wurde, aber prophetische Hinweise auf den Messias enthält, lesen wir:

> Gott, lass den König dein Recht sprechen … Hilf ihm, dein Volk gerecht zu richten, sorge dafür, dass den Armen zu ihrem Recht verholfen wird … Hilf ihm, für die Unterdrückten einzutreten, den Kindern der Armen zu helfen und ihre Ausbeuter zu vernichten. (Ps 72,1–2.4 NLB)

Den Begriff „Arme“ können wir genauso gut durch „Machtlose“ ersetzen. In dieser Welt bekommen die Mächtigen, was sie wollen;

der Rest bekommt, was er kann. Warum werden in den Vereinigten Staaten Todesurteile fast ausschließlich über Angeklagte gefällt, die mittellos und afro-amerikanischer Herkunft sind? Sind nur sie ruchlose Mörder? Nein, sie verfügen nur über die geringste Macht! Obwohl arme Menschen in den USA wahrscheinlich mehr Möglichkeiten und Rechte haben als jemals zuvor in der Geschichte, bleibt die Tatsache, dass über sie unverhältnismäßig oft die schwersten Strafen, die die Gesetze vorsehen, verhängt werden. Keine Lobby tritt bei der Regierung für sie ein. Ihre Kinder erhalten eine schlechtere Ausbildung. Nur allzu leicht können sie so das Opfer ungerechter Behandlung durch Menschen mit größerem finanziellem Rückhalt werden.

Aber Gott sieht das alles! Der Tag des Gerichts wird kommen. Dann wird Gott für alle Menschen das moralische Gleichgewicht wiederherstellen, wie folgende Bibeltexte ankündigen.

> Der Herr, euer Gott, ist der Gott aller Götter und der Herr aller Herren. Er ist der große Gott, mächtig und Ehrfurcht gebietend, unparteiisch und unbestechlich. Er verhilft Witwen und Waisen zu ihrem Recht. Er liebt die Ausländer und gibt ihnen Nahrung und Kleidung. (5 Mo 10,17–18 NLB)

> Herr, du hörst das Verlangen der Hilflosen. Du schenkst ihnen Gewissheit und leihst ihnen dein Ohr. Du verhilfst Waisen und Unterdrückten zu ihrem Recht und machst aller Gewalt auf Erden ein Ende. (Ps 10,17–18 NLB)

> Schaut her, das ist mein Knecht, den ich festhalte. Er ist mein Auserwählter und macht mir Freude. Ich habe ihm meinen Geist gegeben, damit er den Völkern das Recht bringt. Er wird weder schreien und lärmen noch seine Stimme auf der Straße hören lassen. Er wird das geknickte Rohr nicht brechen und den glimmenden Docht nicht auslöschen. Er wird das Recht wahrheitsgetreu ans Licht bringen. Er wird nicht müde werden oder zerbrechen, bis auf der ganzen Erde das Recht fest gegründet dasteht. Selbst ferne Meeresländer erwarten seine Weisungen. (Jes 42,1–4 NLB)

Dieser Textabschnitt zeigt die unerbittliche Entschlossenheit des Messias, Ungerechtigkeit ein für alle Mal aus der Welt zu schaffen. Wenn er kommt, wird er nicht einfach nur alles ins Lot bringen; er wird diejenigen, die Frömmigkeit nur vorgetäuscht haben, aber unbarmherzig mit den weniger Begünstigten umgegangen sind, nicht lächelnd passieren lassen.

Gerechtigkeit gibt es in diesem Leben nur selten. Würden die moralischen Konten nicht eines Tages ausgeglichen, wäre Gerechtigkeit allenfalls eine Illusion. Ohne das zukünftige Gericht, das die Ungerechtigkeit dieser Welt behandeln wird, wäre die eigentliche Idee von Gerechtigkeit nur ein grausamer Witz, und die Behauptung von Karl Marx, Religion sei „das Opium des Volkes", hätte sich bewahrheitet; sie betäube unsere Empörung, tue aber nichts, um die Probleme wirklich zu lösen. Die Lehre vom Gericht Gottes unterzieht auch das religiöse Weltbild vieler Christen einer Realitätsprüfung, wonach alle Menschen im Grunde gut seien und auf alle eine wunderbare Zukunft warte.

Gott sieht nicht nur alles – er wird auch handeln!

Durch das biblische Konzept vom Endgericht konnte Milton seinen Groll überwinden. Er begriff, dass Vergebung nicht gleichbedeutend mit Entschuldigung ist. Vergebung befreite Milton von den Fesseln seiner negativen Haltung und seiner Verbitterung. Was seinen Familienangehörigen angetan worden war, war abscheulich, und Gott hat es gesehen. Er sieht sich selbst in der Verantwortung, gegen die Gewalttätigkeit gegenüber den Schwachen vorzugehen. Das war nicht Miltons Aufgabe. Erst als er seinen Groll losließ, konnte er damit rechnen, dass Gott seiner gedenken, Gericht üben und irgendwie die moralische Waage des Universums wieder ins Gleichgewicht bringen würde. Und Gott würde das weit besser erledigen, als Milton es jemals hätte tun können.

Christus zeigt uns die schwerwiegenden Folgen, wenn wir seine Aufforderung, in Barmherzigkeit Anderen zu vergeben, ignorieren (siehe Mt 18,21–35). Wenn wir vergeben, lösen wir uns von den Ansprüchen an den Sünder; wir geben unser Recht auf Wiedergutmachung für das an uns begangene Unrecht auf. Häufig wird Vergebung als Freibrief für denjenigen angesehen, der jemand verletzt hat, als ob man zugeben würde, es sei alles doch gar nicht so schlimm gewesen und verständlich oder entschuldbar. In Wirklichkeit prangert Vergebung – wenn man sie in Verbindung mit dem Gericht sieht – die Verwerflichkeit des begangenen Unrechts an.

Wenn das Vergehen einer Person an uns nicht allzu schlimm war, entschuldigen wir das. Vergeben bedeutet jedoch nicht, etwas zu entschuldigen, sondern heißt, das Angetane als böse zu benennen. Es kann weder entschuldigt noch erklärt oder mit einem Lächeln abgetan werden. Wenn wir vergeben, sind wir nicht mehr auf den Sünder und seine Tat fixiert; wir überlassen beide dem Gericht Gottes, weil wir wissen, dass er viel besser als wir in der Lage ist, Gerechtigkeit zu üben.

Diese Vorstellung von der Funktion des Endgerichts kann für diejenigen, die von Geistlichen und angesehenen Verantwortungsträgern in der Gemeinde missbraucht wurden, sehr hilfreich sein. Die Botschaft vom Gericht garantiert, dass Gott alles sieht.

Gott sieht alles und kann nicht zum Narren gehalten werden – auch nicht durch zur Schau getragene Frömmigkeit. Eine der bekanntesten Figuren des Volkes Israel ist David, der als Jugendlicher den Riesen Goliath tötete und schließlich König wurde. Er hatte schon lange regiert, als er ein Verhältnis mit Batseba begann, der Frau des Uriah – einer seiner Offiziere, der sich gerade auf einem Feldzug befand. Als die Frau schwanger wurde, ließ David Uriah von seinem Fronteinsatz zurückbeordern. Er wollte den Anschein erwecken, dass Uriah der Vater des Kindes sei. Als sein Vorhaben misslang, arrangierte David den „zufälligen" Tod Uriahs in einem Kampf. Nach einer angemessenen Zeit der Trauer holte David Batseba in seinen Palast und nahm sie zur Frau.

An dieser Stelle der Geschichte steht im biblischen Bericht ein einfacher, aber dramatischer Satz: „Der Herr aber verabscheute, was David getan hatte." (2 Sam 11,27 Hfa) Es ist wichtig zu verstehen, welche Stellung David in der Bibel einnimmt. Er wird als Mann nach dem Herzen Gottes bezeichnet (1 Sam 13,13). An Davids geistlicher Hingabe und seinem Glaubenseifer mussten sich alle nachfolgenden Könige Israels messen lassen. Die Bibel erwähnt ihn mehrfach als Typus für den Messias, den großen zukünftigen König, der den endgültigen Triumph Gottes auf der Erde herbeiführen wird. Doch von diesem hohen Ansehen Davids ließ sich Gott nicht blenden. Als David andere Menschen verletzte und entehrte, missfiel Gott das. David musste eine schwere Strafe und schlimme Konsequenzen tragen, weil Gott alles gesehen hatte.

Und Gott sieht immer noch alles. Dies ist die Bedeutung der Botschaft vom Gericht.

Wenn ein Pastor oder Lehrer versetzt wird, weil bekannt wird, dass sein Verhalten Gemeindemitgliedern oder Schülern schadet, sieht Gott das. Wenn eine Gemeinde es versäumt, korrigierende Seelsorge zu üben, wenn sich herausstellt, dass ein Mitglied pädophilen Neigungen nachgeht, sieht Gott das. Wenn ein einflussreicher Politiker Frauen belästigt, sieht Gott das. Wenn eine gläubige Frau die Angewohnheit hat, über die Schwächen und Fehler Anderer zu tratschen, sieht Gott das. Wenn ein Chef ein Versager, ein Angestellter eine Niete, ein Staatsanwalt oder ein Rechtsanwalt unehrlich ist, sieht Gott das alles. Und einst wird er handeln.

Wir müssen daran denken, dass Gott sich vom religiösen oder sozialen Status einer Person nicht trügen lässt. Er prüft den ganzen Menschen. Er durchschaut den äußeren Anschein, der in der Gemeinde, den Medien oder dem eigenen Umfeld aufgebaut wurde. Er sieht, was zu Hause geschieht, wenn keiner da ist, den man beeindrucken will, und was im Konferenzraum vor sich geht, wenn keine Vorgesetzten anwesend sind. Gott lässt sich von religiösen Referenzen nicht beeindrucken. Kinderschänder in der Gemeinde, streitlustige oder unehrliche Geistliche, gläubige Schürzenjäger – sie alle werden im Gericht entdecken müssen, dass ihr frommes Mäntelchen ihre Strafe noch größer machen wird (siehe Lk 12,48). Ihre Opfer werden jubelnd erkennen, dass Gott sich nicht kaufen, beschwindeln, bluffen, einschüchtern, betrügen oder beeinflussen lässt.

Gott wird auf der Grundlage der tatsächlichen Verhältnisse richten. Er wird die Waage der Gerechtigkeit austarieren und dafür sorgen, dass Recht geschieht. Die Opfer können ihm vertrauen, die Übeltäter und Unterdrücker müssen auf der Hut sein, denn Gott sieht alles – wirklich alles!

Gute, aber ungläubige Menschen

Aus Ost und West, aus Nord und Süd werden die Menschen kommen und in Gottes neuer Welt zu Tisch sitzen. Seid darauf gefasst: Es gibt solche, die jetzt noch zu den Letzten zählen; die werden dann die Ersten sein. Und andere zählen jetzt zu den Ersten, die werden dann die Letzten sein. (Lk 17,29–30 NLB)

Historisch bedingt ist die Bedeutung und Autorität, die wir dem Gesetz Gottes zumessen, für uns Adventisten mit einem anderen Konzept verbunden, nämlich dem des Gerichts vor der Wiederkunft Christi, das früher als „Untersuchungsgericht“ bezeichnet wurde.

Die Vorstellung, dass Gott alles, was wir je gedacht und getan haben, einer genauen Untersuchung unterzieht, ist ziemlich beängstigend. Je länger wir Adventisten uns jedoch mit dem Studium der biblischen Lehre vom Gericht befasst haben, desto mehr wuchs die Erkenntnis, dass das Gericht uns nicht nur auf furchteinflößende Weise bewusstmacht, dass Gott uns sieht, wenn wir uns auf unrechtem Weg befinden, sondern auch etwas Wichtiges über Gottes Gerechtigkeit aussagt. Es garantiert uns nämlich, dass unsere Rettung nicht auf einer willkürlichen Entscheidung Gottes oder dem „Glück“ beruht, zur rechten Zeit am rechten Ort von gläubigen Eltern geboren worden zu sein.

Janets Herz war vollkommen gebrochen. Als ihr Sohn Billy noch lebte, hatte sie für ihn gebetet und gehofft. Aber wie sollte sie nun ohne Hoffnung weiterleben? Einige Wochen zuvor war er bei einem Autounfall ums Leben gekommen. Der Schmerz, ihn verloren zu haben, war schier unerträglich. Weil er nicht gläubig gewesen war, war sie überzeugt, dass sie ihn niemals wiedersehen würde. „Er hat die Gemeinde als Teenager verlassen“, erzählte sie mir „und er hat sich nie dazu bekannt, ein Christ zu sein. Der Unfall kam so plötzlich. Er hatte keine Chance.“

Billy war mit seinem schnellen Wagen durch die Berge bei Santa Monica in Kalifornien gebraust. Er unterschätzte offenbar eine Kurve und prallte gegen eine mächtige Eiche am Straßenrand. Da blieb keine Zeit für ein letztes Gebet.

Bei der Beerdigung wurden eine Menge netter Dinge über Billy gesagt. Wenn jemand Hilfe benötigte, war er stets dazu bereit. War jemand ins Gefängnis gekommen und brauchte einen Besuch von einem Freund – wer fuhr zu ihm hin? Billy. Hatte sich jemand von seiner Freundin getrennt und war auf der Suche nach einem Schlafplatz – wessen Couch stand bereit? Als Billys Vater einen Unfall hatte, der ihn sechs Monate lang ans Bett fesselte – wer nahm sich kurzerhand frei und kümmerte sich aufopferungsvoll um ihn? Billy. Und wer hielt den Swimmingpool seiner Mutter makellos sauber und pflegte akribisch den Rasen, als ihr Mann sie wegen einer Jüngeren verlassen hatte? Billy.

Ich dachte zunächst, das seien alles nur gutgemeinte Lobreden, zu denen sich Leute im Angesicht eines Toten verpflichtet fühlen; aber in privaten Gesprächen nach der Beerdigung bestätigte sich alles, was öffentlich über Billy gesagt worden war.

Ich besprach das mit seiner Mutter und fragte sie: „War Billy wirklich so?"

„Ja, das war er."

„Dann kannst du darauf hoffen, ihn wiederzusehen."

„Wie denn? Wie kannst du sagen, ich könnte ihn wiedersehen, wenn er so weit von Gott entfernt war?"

„Wie meinst du das?"

„Nun ja, er hatte der Adventgemeinde den Rücken gekehrt, er war kein Christ und glaubte nicht an Gott, soweit ich weiß. Glaube und Gemeinde hatten keinen Platz in seinem Leben."

Die Bibel misst dem Glauben einen enormen Stellenwert zu. Sie sagt sogar, dass es „ohne Glauben unmöglich [ist], Gott zu gefallen" (Hbr 11,6). Sie lehrt aber auch, dass Gott den Glauben eines Menschen sehr differenziert beurteilt.

Die Bibel stellt explizit fest: Redet ein Mensch wie ein Christ und handelt wie ein Ungerechter, dann gelten seine Taten mehr als seine Worte (siehe Mt 7,21–23; Jak 2,14–17.20) Auch das Gegenteil kann wahr sein: Menschen leugnen möglicherweise mit Worten einen Glauben, der aber in ihrem Handeln offenkundig wird.

Das wird deutlich im irdischen Dienst von Jesus. Einmal kam ein römischer Offizier, der um Hilfe für seinen todkranken Lieblingsdiener bat. Der Offizier versicherte Jesus, er müsse selbst nicht mitkommen. „Sag nur ein einziges Wort, dann wird mein Diener gesund.“ (Mt 8,8 Hfa) Obwohl dieser Mann kein Jude war, erklärte Jesus, einen solchen Glauben habe er in Israel noch bei keinem gefunden (V. 10). Mehrmals begegnete Jesus Menschen, die von Dämonen besessen waren. Jedes Mal kam dabei zum Ausdruck, dass auch die bösen Geister glaubten, denn sie schrien zu Jesus, er möge ihnen nicht nahekommen, um sie zu quälen. Jesus ignorierte ihre Worte und erhörte den unausgesprochenen Schrei des Besessenen nach Rettung aus der Gewalt der Dämonen.

Im Gericht wird Gott in den Herzen der vielen Menschen lesen, die die Gemeinde verlassen oder ihr nie angehört haben, und wird den echten, in ihrem Leben verborgenen Glauben berücksichtigen. Ihre Worte mögen nicht stärker ihren Glauben bezeugt haben, als die Worte der von Dämonen Besessenen, aber Gott wird den Glauben anerkennen, der sich in ihren barmherzigen Taten zeigte.

Oft lehnen die Menschen, die behaupten, dass sie Gott ablehnen, eigentlich ein Zerrbild von Gott ab – eine Karikatur, die auch wir ablehnen. Billys Fall lässt sich recht einfach erklären. Sein Vater hatte erst eine Riesenshow aus seinem Glauben gemacht und dann Billys Mutter wegen einer anderen Frau sitzen lassen. Als Billy ein Teenager war, waren sowohl der Pastor als auch der Jugendleiter in skandalöse Affären verwickelt. Dann rastete der Bibellehrer an der Gemeindeschule, die er besuchte, völlig aus – erst theologisch und am Ende auch psychisch. Fast jeder Mann, den Billy kannte und der ihm ein Vorbild in Gottes Sinne hätte sein sollen, erschütterte sein Vertrauen zutiefst. Als er schließlich der Adventgemeinde und Gott den Rücken kehrte, wandte er sich nicht von dem wahren, vertrauenswürdigen und barmherzigen Gott ab, sondern er protestierte gegen falschen Anschein, Heuchelei und Unaufrichtigkeit. Er wollte nicht an einen Gott glauben, der Ungerechtigkeit und Treulosigkeit billigend hinnahm.

Durch den Kreuzestod Christi demonstrierte Gott, wie stark sein Wille ist, Menschen zu retten (Röm 5,8.10) Niemand kann für seine eigenen moralischen Verfehlungen bezahlen und dennoch leben; doch Jesus hat am Kreuz die moralische Schuld eines jeden Menschen abgegolten (1 Joh 2,2). Also könnte man berechtigterweise fragen, warum dann überhaupt jemand *nicht* in den Himmel kommen sollte.

Das Gericht ist ein öffentlicher, sichtbarer Prozess, in dem festgestellt wird, wer in die himmlische Gesellschaft passen wird, wer der Selbstsucht als Lebensprinzip entsagte und sich von echter Liebe leiten ließ, wer sich demzufolge in einer Kultur des gegenseitigen Dienens, die im Himmel herrscht, wohlfühlen wird. Viele Menschen, die nicht explizit an Christus glaubten, werden im Gericht – wenn alle Missverständnisse ausgeräumt sind (mehr dazu im nächsten Kapitel) – entdecken, dass Jesus genau dem Ideal entspricht, nach dem sie ihr ganzes Leben ausgerichtet hatten.

Das bekannteste Bild der Bibel vom Gericht ist eine Geschichte, die Jesus erzählte. Er beschrieb Gott als Hirten, der die Ziegenböcke von den Schafen trennt. Die Schafe stellen die guten und die Böcke die schlechten Menschen dar. Die Schafe werden für ihre guten Taten gelobt, die darin bestehen, dass sie Jesus zu essen gaben, als er hungrig war, und zu trinken, als er durstig war, und ihn besucht haben, als er im Gefängnis saß. Die Schafe können sich nicht erinnern, Jesus jemals hungrig, durstig oder im Gefängnis gesehen zu haben. Jesus erwiderte daraufhin: „Was ihr für einen der Geringsten meiner Brüder und Schwestern getan habt, das habt ihr für mich getan!" (Mt 25,40 NLB) Die Böcke jedoch werden abgewiesen, weil sie nicht bereit waren, Notleidenden zu helfen. Ob jemand gerettet wird oder verlorengeht, entscheidet sich daran, wie er auf die akuten Bedürfnisse seiner Mitmenschen eingegangen ist, jedoch nicht daran, wie geistlich seine Worte geklungen haben.

Diese Erzählung vom Weltgericht widerspricht keineswegs der biblischen Aussage, dass es der Glaube ist, der uns rettet; durch diese Geschichte wird aber seine Qualität näher bestimmt. Bei Gott gilt – wie Paulus an die Galater schrieb – nur der Glaube etwas, „der sich in Taten der Liebe zeigt" (Gal 5,6b Hfa).

In Wirklichkeit sind weder der Glaube noch die „Werke" der tatsächliche Grund für unsere Rettung; vielmehr werden wir durch die Gnade Gottes gerettet – durch das großmütige, barmherzige, rettende Handeln Gottes. „Glaube" und „Werke" sind unterschiedliche Wege, um zu beschreiben, wie Menschen auf seine Gnade reagiert haben (siehe Tit 2,11–14).

Gott hat uns verschiedene Wege gezeigt, um unseren Glauben an Christus auszudrücken: die Taufe, das Abendmahl, das Sabbathalten und die Worte unseres Zeugnisses. Aber all dies wird von der Möglichkeit übertroffen, bedürftigen Menschen zu dienen. Dazu schenkt uns Gott viele Gelegenheiten.

Am Ende ist Gott der Richter. Aber aufgrund der Aussagen von Jesus in der Erzählung vom Gericht mit den Schafen und den Böcken konnte Janet berechtigte Hoffnung für Billy fassen. Wir sind zuversichtlich, dass viele, die keine bekennenden Christen sind, zuletzt gerettet werden. Sie werden auf der neuen Erde sein, weil Gott in ihren Herzen gesehen hat, dass sie in Wirklichkeit nicht ihn, sondern einen falschen Gott abgelehnt haben. Er wird dem ganzen Universum demonstrieren, dass diese vermeintlich „Ungläubigen" durch ihre Fürsorge für Menschen in Not in Wahrheit Jesus im Verborgenen gedient haben und den Werten gefolgt sind, die im Himmel gelten. Sie haben sich den Himmel nicht durch gute Taten verdient (was ohnehin niemand tun kann), jedoch einen unausgesprochenen Glauben an den Retter bewiesen. Nicht nur ihre Freude wird groß sein, sondern auch die von Jesus, wenn er sie mit seiner Einladung überraschen wird:

> Kommt her! Euch hat mein Vater gesegnet. Nehmt Gottes neue Welt in Besitz, die er euch von allem Anfang an zugedacht hat. (Mt 25,34 GNB)

Tausend Jahre der Antworten

Deshalb hütet euch, voreilige Urteile über den Glauben anderer zu fällen, bevor der Herr wiederkommt. Wenn der Herr kommt, wird er unsere tiefsten Geheimnisse ans Licht bringen und unsere verborgensten Beweggründe offenbar machen. Und dann wird Gott jeden so loben, wie es ihm zusteht. (1 Kor 4,5 NLB)

Wir Adventisten sind Spezialisten für die biblischen Prophezeiungen über die Endzeit. Wenn wir über diese letzte Zeit sprechen, beginnen wir mit dem Vorwiederkunftsgericht, das ich gerade eben erwähnt habe. Überall in der Bibel wird das Gericht als ein öffentliches Ereignis beschrieben. Gott entscheidet das Schicksal eines Menschen nicht in privater Zurückgezogenheit, sondern in Gegenwart zahlloser Zeugen (Dan 7,10). Die himmlischen Wesen beglaubigen, dass die Urteile auf der Realität beruhen und nicht sorgfältig überarbeitete Versionen eines menschlichen Lebenslaufes sind.

Dieser Gerichtsprozess beginnt im Himmel, bevor Jesus auf die Erde zurückkehrt und während das Leben hier weiter seinen normalen Verlauf nimmt (Offb 14,6–7). Wenn das Gericht abgeschlossen ist, kommt Jesus erneut auf diese Erde, um die Seinen zu sich zu holen (Offb 22,11–12; Mt 16,27). Die überwältigende Herrlichkeit der unverhüllten göttlichen Gegenwart tötet alle lebenden Ungerechten, aber bringt den treuen Gläubigen die Rettung. Jesus erweckt die gerechten Toten zum Leben und entrückt sie zusammen mit den noch lebenden Gläubigen in das neue Jerusalem (1 Ths 4,16–17). Dort werden sie während des sogenannten Millenniums mit Christus tausend Jahre lang regieren (Offb 20,4.6). Die einzigen Lebenden hier auf der Erde werden dann offenbar der Teufel und seine Dämonen sein (V. 1–3).

Am Ende der tausend Jahre wird die Wohnstatt der Erlösten, das neue Jerusalem, auf die Erde herabkommen und alle Verlorenen

Toten werden auferstehen (Offb 21,1; 20,5.13). Der Teufel und seine Dämonen werden sie zu einem letzten, verzweifelten Angriff versammeln, um die Stadt einzunehmen und die Vorherrschaft über sie zu gewinnen (Offb 20,7–9).

Wenn die Horden sich zusammenziehen, um die heilige Stadt anzugreifen, werden sie durch das Erscheinen eines großen, weißen Thrones am Himmel, auf dem Jesus sitzt, aufgehalten. Die Verlorenen werden vor seinem Thron vor Gericht gestellt (2 Kor 5,10). Sie werden mit den unanfechtbaren Beweisen konfrontiert, dass sie zu Recht zum „zweiten Tod" verdammt sind (Offb 20,12–14). Wenn ihnen das Ausmaß ihrer Torheit und ihrer Sünde klarwird, beugen sie widerwillig ihre Knie und gestehen ein, dass Gott recht handelt (Offb 15,4b). Sie beten Gott nicht an; sie übergeben ihm ihre Herzen nicht. Aber widerstrebend müssen sie die Wahrheit anerkennen: Gott ist im Recht; ihre Verurteilung ist gerecht.

Trotz ihrer sichtbaren Unterwerfung mobilisiert der Teufel den letzten Rest ihres rebellischen Muts. Er ruft seine Anhänger auf, sich ihm in einem Angriff auf die Stadt anzuschließen, und einige stehen auf und folgen ihm. Aber der Gerichtsprozess ist zu Ende gekommen und „Feuer" fällt vom Himmel, um sie zu vernichten (Offb. 20,9b), die alte Erde zu reinigen (2 Ptr 3,10.12) und sie auf die Neuschöpfung eines perfekten Lebensraumes vorzubereiten. Die Verlorenen, der Teufel und alle Dämonen sterben durch die Offenbarung der Herrlichkeit Gottes (Hbr 12,28–29). Danach erfüllt sich die Vorhersage des Johannes:

> Dann sah ich einen neuen Himmel und eine neue Erde, denn der alte Himmel und die alte Erde waren verschwunden.
> Und auch das Meer war nicht mehr da …
> Ich hörte eine laute Stimme vom Thron her rufen: „Siehe, die Wohnung Gottes ist nun bei den Menschen! Er wird bei ihnen wohnen und sie werden sein Volk sein und Gott selbst wird bei ihnen sein. Er wird alle ihre Tränen abwischen, und es wird keinen Tod und keine Trauer und kein Weinen und keinen Schmerz mehr geben. Denn die erste Welt mit ihrem ganzen Unheil ist für immer vergangen." (Offb 21,1.3–4 NLB)

Was bedeutet dieser Gerichtsvorgang?

Vielleicht wird nicht alles genauso eintreffen, wie ich es hier beschrieben habe. Der wesentliche Punkt des Gerichtsvorgangs ist jedoch, was er über den Charakter Gottes aussagt. Wir müssen unsere Vorstellung von den letzten Ereignissen in Beziehung zu dem Gottesbild stellen, das uns der Dienst und der Charakter von Jesus vermitteln. Die Lehre aus den Geschehnissen – selbst aus diesen Angst einflößenden im Buch der Offenbarung – lautet: Gott ist Liebe! Gäbe es einerseits keine Furcht erregenden Elemente, würden wir das Gericht als von unserer realen Lebenswelt total getrennt ausblenden; wenn andererseits die Vorhersagen über die letzten Ereignisse uns nicht helfen, die Angst zu überwinden, warum sollten wir uns dann die Mühe machen, sie weiterzuerzählen?

Die wahre Bedeutung der „Hölle"

In der konventionellen christlichen Denkweise von zwei Jahrtausenden ist die Hölle ein Ort ewig brennenden Feuers. Diese Lehre geht auf die Vorstellung der griechischen Philosophen von der unsterblichen Seele zurück. Die Seele wurde als der eigentliche Wesenskern des Menschen im vergänglichen Körper betrachtet, der als absolut unzerstörbar galt. Wenn also die Seele nicht in den Himmel kommt, müsse sie woanders hingehen. Dieses Anderswo sei die Hölle – ein Ort, an dem die Flammen niemals verlöschen. Später kam noch die Vorstellung des Fegefeuers dazu, die denjenigen Hoffnung auf Reinigung versprach, die für die Hölle zu gut und für den Himmel (noch) nicht gut genug waren.

Wir Adventisten sind aus drei Gründen mit dieser allgemein verbreiteten Auffassung nicht einverstanden. Erstens ist Gott allein unsterblich (1 Tim 6,16); ewiges Leben kann den Menschen nur als eine übernatürliche Gabe zuteilwerden (Röm 6,23). Wir glauben nicht an die Existenz einer von Natur aus unsterblichen Seele, die den Qualen einer ewig brennenden Hölle überantwortet werden kann, sondern sind davon überzeugt, dass ein Mensch ein unteilbares Ganzes ist (1 Mo 2,7). Wenn der körperliche Leib stirbt, ist der gesamte Mensch tot (Pred 9,5–6.10). Es gibt keine eigenständige Seele, die einen Ort namens „Hölle" bewohnen kann.

Zweitens lassen sich die entsprechenden Bibelstellen viel besser so interpretieren, dass in ihnen von einem Ereignis und nicht von einem Ort gesprochen wird. Dieses Feuer wird am Ende brennen und die Erde zur Vorbereitung auf ihre Erneuerung reinigen. Dieses Feuer ist unaufhaltsam im Hinblick auf seine Intensität (siehe Mal 3,19.21), aber definitiv zeitlich begrenzt (2 Ptr 2,6; vgl. Jud 7).

Drittens ist es undenkbar, dass ein liebender Gott „Seelen" mit dem einzigen Zweck, diese zu quälen, Milliarden von Jahren am Leben erhalten sollte. Der Prophet Hesekiel schrieb, dass Gott „keinen Gefallen am Tode des Gottlosen" hat (Hes 33,11). Jesus sagte, dass es Gottes Wille ist, seinen Jüngern das Reich Gottes zu schenken (Lk 12,32b). Durch die Kreuzigung seines Sohnes zeigte Gott auf überwältigende Weise, dass er eher bereit ist, selbst zu sterben, als ohne uns zu leben. In diesem Licht betrachtet ist der Gedanke an eine ewige Qual der Verlorenen einfach unvorstellbar.

Wer wird verlorengehen?

Warum sollte angesichts der Tatsache, dass Jesus für die Sünden „der ganzen Welt" (1 Joh 2,2) starb und Gott nicht will, dass „auch nur ein Mensch verlorengeht" (2 Ptr 3,9 NLB), überhaupt irgendjemand vom Himmel ausgeschlossen bleiben? Die Antwort darauf ist nicht einfach, aber eine klassische adventistische Erklärung ist die, dass verlorene Menschen die neue Erde als einen Ort der Qual empfinden würden. Die Bibel beschreibt anschaulich, wie die Gesellschaft aussehen wird, die Gott schaffen will:

> Auf dem ganzen heiligen Berg wird niemand etwas Böses tun und Schaden anrichten. (Jes 11,9 Hfa)

> Wir warten aber auf einen neuen Himmel und eine neue Erde nach seiner Verheißung, in denen Gerechtigkeit wohnt. (2 Ptr 3,13)

> Hier wird Gott mitten unter den Menschen sein! Er wird bei ihnen wohnen, und sie werden sein Volk sein. Ja, von nun an wird Gott selbst in ihrer Mitte leben. (Offb 21,3 Hfa)

Für Menschen, die nicht in Harmonie mit Gott gekommen sind, wäre eine solche Umgebung die reine Folter. Stellen wir uns nur einmal Adolf Hitler vor, dem die Wohnung neben einem jüdischen Rabbi zugeteilt wird, oder Josef Stalin, der sich den Anweisungen eines Vorgesetzten fügen soll, den er in einen Gulag geschickt hat, oder ein Mitglied einer rassistischen Vereinigung wie des Ku-Klux-Klan, dem bei einem himmlischen Mahl ein Platz neben einem Farbigen zugewiesen wird.

Jeder, dem Gott in letzter Minute einen Passierschein für den Himmel ausstellen würde, fände den Himmel schrecklich; er würde sich dort alles andere als wohlfühlen. Der Himmel wäre eine endlose Tortur für alle, deren Leben bis dahin von Selbstsucht, Machtgier, Unterdrückung und Eigenliebe bestimmt war. Wir bestimmen unsere Zukunft durch unser gegenwärtiges Verhalten.

Die große Herausforderung für Gott besteht darin, unsere Herzen zu gewinnen und zu erreichen, dass wir uns dem verändernden Einfluss seines Geistes öffnen (Hes 36,26–27). Wenn wir uns hier den himmlischen Werten verschließen, werden wir sie dort ebenfalls bedrückend finden.

In Offenbarung 20 erfahren wir, dass die Verlorenen sich nach ihrer Auferstehung dem Sturm auf die Stadt Gottes anschließen. Sie ändern ihre Gesinnung nicht; sie flehen nicht darum, in diese friedvolle Gemeinschaft Gottes aufgenommen zu werden. Sie verharren starrsinnig in ihrer Rebellion gegen Gott. Ihr Verhalten bestätigt offensichtlich das Urteil des himmlischen Gerichts. Würde ihnen eine zweite Chance gegeben, würden sie sie nicht nutzen, sondern dieselbe Entscheidung noch einmal treffen.

Antworten auf alle Fragen über Gottes Handeln

Eines der hartnäckigsten Glaubenshindernisse ist die Frage nach dem Leid. „Wie kann ein guter, allmächtiger Gott das Elend dieser Welt so lange zulassen?! Die meisten tauglichen Antworten darauf haben mit dem Wesen von Freiheit und Liebe zu tun. Auch wenn diese Erklärungsversuche in dem Meer menschlichen Leides durchaus vernünftige Lösungshinweise bieten, reichen sie doch niemals auf den Grund unserer tiefsitzenden Ängste. Sie beantworten unsere speziellen Fragen nicht: Warum mein Sohn, meine Tochter? Warum mein Liebster, mein Freund? Warum ich?

Manche Religionen sparen diese Problematik ganz aus. Gott ist Gott, wir sind nur Menschen; wir sollten uns ihm fügen und aufhören, dumme Fragen zu stellen. Aber das sind keine dummen Fragen, sondern enorm wichtige Fragen zu wesentlichen Themen: Ist Gott gut? Ist er vertrauenswürdig? Warum soll ich ihn anbeten?

Die Abläufe in den tausend Jahren helfen uns, mit diesen Fragen zurechtzukommen. Aus Offenbarung 20,4 wissen wir, dass die Erlösten während des Millenniums als Richter fungieren werden (vgl. 1 Kor 6,2). Welche Bedeutung hat das noch, wenn das ewige Schicksal jedes einzelnen Menschen bereits im Gericht vor der Wiederkunft entschieden wurde? Gott braucht doch bestimmt keine Unterstützung bei der Lösung der schwierigen Fälle.

Der Gegenstand dieses Gerichts ist wahrscheinlich Gott selbst. Im Vorwiederkunftsgericht wird das Leben aller Menschen untersucht, um ihr ewiges Schicksal festzulegen. Im Millenniumsgericht werden die Fälle aller Verlorenen anhand der himmlischen Berichte („Bücher“) überprüft, damit alle Erlösten erkennen können, dass Gott alles Mögliche getan hat, um sie zu retten, und letztlich gar nicht anders entscheiden konnte. Auf diese Weise wird unser Vertrauen in Gott, seine Liebe und sein Handeln gestärkt werden.

Den Geretteten werden tausend Jahre zur Verfügung stehen, damit sie selbst erkennen können, dass Gott fair, gerecht und barmherzig gehandelt hat; sie werden die Beweisführung für Gottes Entscheidungen Schritt für Schritt nachverfolgen können. Darin zeigt sich, wie ernst Gott unsere Fragen nimmt. In diesem Leben verlangt Gott von uns, ihm zu vertrauen; in jener Zeit wird er uns auffordern, ihn zu prüfen. Jetzt leben wir im Glauben, dann werden wir im Schauen leben (2 Kor 5,7).

Das Gericht vor der Wiederkunft Christi legt das Fundament für das Gericht in den tausend Jahren, weil dort öffentlich beglaubigte Berichte über Gott und die Menschheit erstellt werden. Die Berichte, die während des Millenniums zur Überprüfung vorgelegt werden, sind keine Videobänder, die Gott aus der Tasche zieht oder seinem persönlichen Archiv entnimmt. Gott könnte jedweden beliebigen

Eindruck hervorrufen, indem er die Berichte bearbeitet. Richard Nixon löschte Videobänder in der Watergate-Affäre; der Fernsehsender NBC fälschte einen Sicherheitstest für Lkw der Firma Chevrolet. Wenn Gott wollte, könnte auch er die Berichte manipulieren, ohne dass wir es je herausfänden.

Das Vorwiederkunftsgericht spielt sich nicht in Gottes Gedanken ab. Das ist der Grund, warum es so lange dauert. Es ist ein öffentlicher Prozess, der in Gegenwart von „zehntausendmal Zehntausenden" (Dan 7,10), vielleicht sogar Milliarden von Engeln geführt wird. Wenn jeder einzelne Fall aufgezeigt und entschieden ist, werden die Engel die Berichte abzeichnen. Sie haben genau beobachtet, was geschehen ist; sie können bezeugen, ob Gottes Version der Ereignisse korrekt ist (und das ist sie bestimmt).

Wenn also das Gericht vor der Wiederkunft vorüber ist und Jesus sein Volk von der Erde in den Himmel geholt hat, liegen Berichte zur Überprüfung vor, die in öffentlicher Sitzung abgefasst wurden. Damit haben wir die Garantie für ihre Korrektheit.

So sehr respektiert Gott unsere Fragen; so weit wird er gehen, um unser Vertrauen zu gewinnen und zu erhalten. Gott liebt uns und möchte, dass wir ihm vertrauen. Er ist bereit, alles Mögliche zu tun, um unsere Liebe und Zuneigung zu erringen. Das Opfer seines einzigartigen Sohnes beweist das. Und er wird uns einst tausend Jahre Zeit geben, damit wir Antworten auf unsere Fragen finden und uns von dem Leid und dem Elend dieser Welt erholen können.

Sollten wir Gläubige sein, die ihr schlichtes Vertrauen auf Gott setzen und keine Fragen haben, werden wir ganz sicher andere Dinge im neuen Jerusalem zu tun finden, als alte Berichte zu wälzen. Wenn jedoch in unserem geistlichen Leben viele Fragen offen geblieben sind, werden die tausend Jahre letzten Aufschluss bringen. Und dann sind da ja noch die Fragen über unsere Angehörigen, die wir dort nicht wiedersehen. Aber unsere Fragen werden schließlich ein Ende haben. Gott wird uns Rechenschaft darüber geben, warum er so und so gehandelt oder auch nicht gehandelt hat. Er liebt uns so sehr, dass er die Ewigkeit nicht beginnen lässt, bevor nicht alle unsere Unsicherheiten beseitigt sind. So sehr respektiert er uns; so weit geht seine Fürsorge.

Nach dem Millennium auf der neuen Erde

Unsere adventistische Auffassung von der Geschichte der Welt beginnt mit einem liebenden Gott, der Wesen „nach seinem Bild" schuf (1 Mo 1,27 GNB), die im Paradies leben, seine Liebe erwidern und mit ihm eine von Freude geprägte Freundschaft pflegen konnten. Durch den Sündenfall der ersten Menschen begann die Geschichte der leidvollen, durch das Böse entstellten Welt, in der wir heute leben – eine Welt voller Menschen, die gequält werden von unbeantworteten Fragen, die sich nicht klären lassen: Fragen über Gerechtigkeit und Liebe, menschliche Freiheit und göttliches Handeln, Allwissenheit und Verantwortung. Wir begehren, endlich zu verstehen, wie ein liebender Gott eine Welt zulassen kann, die für manche Menschen fast unerträglich geworden ist.

Aber die Geschichte geht noch weiter und endet damit, dass Harmonie und reine Liebe auf einer erneuerten Erde wiederhergestellt werden. Alle Fragen über Gottes Handeln sind beantwortet, jeder Zweifel an seinem liebevollen und barmherzigen Wesen ist ausgeräumt, Gerechtigkeit ist geschaffen worden. Die Hoffnung darauf hat nicht getrogen. Vormals Fragende und an Gott Zweifelnde haben jetzt völliges Vertrauen.

Aber nicht nur die Menschen erfahren eine neue Ebene des Vertrauens. Gott selbst zeigt sein staunenswertes Vertrauen in uns, indem er uns eine gottähnliche Stellung im Universum verleiht. Er ist immer noch Gott, wir werden immer noch Menschen sein, aber wir sind ihm so nahegekommen, dass er seine Herrschaft und seine Aufgaben mit uns teilen will. Jesus kündigte den Gemeinden an:

> Wer durchhält und den Sieg erringt, wird mit mir auf meinem Thron sitzen, so wie auch ich mich als Sieger auf den Thron meines Vaters gesetzt habe. (Offb 3,21 Hfa)

Johannes sah die Erlösten auf der neuen Erde und bestätigte: „Sie werden für immer und ewig herrschen." (Offb 22,5b NLB)

Die Verheißung, dass Gott bereit ist, uns an seiner Herrschaft teilhaben zu lassen, ist durch Nichts zu übertreffen und beweist, dass Gott wahrhaftig Liebe ist.

Was ist typisch für die Arbeit der weltweiten Kirche der Siebenten-Tags-Adventisten?

Sich für andere Menschen einzusetzen, ihren Nöten zu begegnen und Gottes Liebe durch praktische Hilfe sichtbar zu machen – das ist ein wichtiger Teil der Arbeit der weltweiten Kirche der Siebenten-Tags-Adventisten und des Lebensstils ihrer Mitglieder. Sie betreibt u. a. eine eigene, weltweit arbeitende Entwicklungs- und Katastrophenhilfeorganisation (ADRA) sowie Tausende Schulen, Krankenhäuser und soziale Einrichtungen auf der ganzen Welt. Was motiviert die Leiter und Angehörigen dieser Konfession dazu? Und wofür engagieren sich Adventisten besonders?
Das sind einige der Fragen, die das Buch *Christsein heute* beantwortet – anschaulich, mit vielen Fotos, persönlichen Statements und treffenden Erläuterungen.
Mehr über das Buch und Leseproben können Sie im Internet auch unter www.christsein-heute.info finden.

Christsein heute – Gelebter Glaube
144 Seiten, Softcover, durchgehend vierfarbig, Art.-Nr. 7703

ADVENT-VERLAG Lüneburg, Tel.: 0800 2383680 (kostenlos)
Leseprobe und Bestellung im Internet: www.advent-verlag.de